LE YORKSHIRE TERRIER

A. Tomaselli

LE YORKSHIRE TERRIER

EDITIONS DE VECCHI S.A.
20, rue de la Trémoille
75008 PARIS

« Malgré l'attention portée à la rédaction de cet ouvrage, l'auteur ou son éditeur ne peuvent assumer une quelconque responsabilité du fait des informations proposées (formules, recettes, techniques, etc.) dans le texte.
Il est conseillé, selon les problèmes spécifiques – et souvent uniques – de chaque lecteur, de prendre l'avis de personnes qualifiées pour obtenir les renseignements les plus complets, les plus précis et les plus actuels possibles. »

En couverture : Ch. Falpalà delle Antiche Mura, éleveur et propriétaire : élevage delle Antiche Mura de A. Tomaselli. Le chiot Sinead delle Antiche Mura, éleveur : élevage delle Antiche Mura. Propriétaire : Macciacchini

Dessins de l'intérieur : A. Marengoni et A. Micheletti

Traduction de Nathalie Rossi

Imprimé en Italie

Sommaire

Présentation

Parmi tous les animaux domestiques, le chien est celui avec lequel l'homme entretient les rapports les plus étroits. Ces deux espèces ont beaucoup de points communs : tout comme l'homme, les Canidés sauvages vivent en sociétés organisées, dans lesquelles se forment des hiérarchies établies et des rapports stables. Tous deux étaient autrefois des prédateurs qui vivaient de la chasse, ce qui a permis l'instauration d'un rapport toujours plus solide au fil des siècles. Hommes et chiens se comprennent et se complètent.

Au cours de l'histoire, le chien a assumé de nombreuses fonctions qui ont donné leur origine aux différentes races, sélectionnées dans des buts précis, en fonction de leurs diverses aptitudes (vitesse, agilité, puissance, odorat, agressivité, protection, compagnie, etc.), qui ont aidé l'homme dans différents domaines. Mais ces derniers temps, la cynophilie a subi une transformation notable. Le nombre de gens qui ont envie ou besoin d'avoir un chien, souvent de race, augmente d'année en année. Le chien n'est plus considéré uniquement comme un auxiliaire dans des domaines particuliers, mais il est vu comme un ami avec lequel passer son temps libre et vivre une expérience différente à travers le rapport homme-animal.

Les goûts sont variés et le choix est souvent difficile parmi les nombreuses races proposées. Il ne suffit cependant pas de se laisser attirer par les caractéristiques

extérieures : il faut apprendre à connaître les aptitudes et le caractère de chaque race. Il faut ensuite choisir le chiot le plus adapté à son propre caractère et apprendre à l'élever le mieux possible.
Pour satisfaire aux demandes d'un nombre toujours plus grand de lecteurs, l'éditeur a créé cette nouvelle collection cynophile « chiens de race », qui vient rejoindre celles déjà existantes et qui veut transmettre un message plus simple et plus direct à travers le texte, les illustrations et leurs légendes détaillées. Les connaissances scientifiques et l'expérience pratique de l'auteur guideront le lecteur dans sa consultation de l'ouvrage.
A tout ce qui est spécifique à la race, on a ajouté certains chapitres communs, liés aux aspects techniques généraux, comme « Comment comprendre son chien et s'en faire comprendre? », de M. Verga, professeur d'éthologie zootechnique à l'université de Milan ; « La reproduction », « L'alimentation », « La santé et l'hygiène » rédigés conjointement par le docteur C. Cristofalo et moi-même.
Les dessins sont de A. Marengoni et de A. Micheletti.
L'éditeur remercie particulièrement tous ceux qui ont contribué à l'illustration photographique, permettant de rendre la lecture plus plaisante.

PROF. L. GUIDOBONO CAVALCHINI

Les origines

On possède peu de documents sur cette race et ses origines sont méconnues. Des hypothèses variées et parfois contradictoires sont mises en avant. La seule certitude est que le Yorkshire est le résultat du croisement de divers types de Terriers des îles britanniques.
Ses ancêtres étaient sélectionnés pour la chasse aux rats et aux animaux de petite taille.
On pense que l'ancêtre du Yorkshire est le Clydesdale ou Paisley Terrier, une race qui n'existe plus mais qui fut présentée en Angleterre dans les expositions jusqu'en

Exemplaires de Clydesdale Terrier et de Paisley Terrier, tels qu'ils sont représentés en 1904, dans Les Races de chiens *de H. de Bylandt*

1902. Le Clydesdale fut très certainement croisé avec le Broken-haired Terrier, un chien très répandu dans la région du Yorkshire.
Ces croisements étaient possibles à cause de l'afflux dans le Yorkshire de nombreux ouvriers écossais qui venaient chercher du travail dans l'industrie lainière, en plein développement à l'époque de la révolution industrielle. Outre les deux races déjà citées, on utilisa sans doute pour des croisements le Skye Terrier, le Maltais et le Dandie Dinmont, etc.
Les gens du Yorkshire comprirent très vite la valeur de ce nouveau et très beau Terrier et, puisqu'il plaisait et était recherché, sa valeur commerciale augmenta.
On chercha donc à fixer le plus possible les caractéristiques de ce chien, et les premiers sujets furent exposés.

Parmi les tout premiers éleveurs de Yorkshires, se trouvent les ouvriers des industries textiles et lainières de la région du Yorkshire. Ils avaient souvent les mains couvertes de lanoline et en enduisaient les Yorkshires en les caressant. Ils découvrirent ainsi, par hasard, que cette substance donnait un poil plus long, plus brillant et plus soyeux. Dans les expositions de l'époque, leurs sujets remportaient justement un vif succès.

A l'exposition canine de Birmingham (1860), ces chiens furent qualifiés simplement en tant que Terriers écossais ou Broken-haired Terriers.
En 1866, le Kennel Club anglais, qui venait à peine d'être créé, reconnut cette race et lui donna le nom de « Yorkshire Terrier ».
Le nom fut suggéré par Angus Sutherland : ces chiens étaient en effet souvent appelés ainsi et beaucoup des meilleurs sujets venaient de la région du même nom.
Rawsob B. Lee, dans son livre sur les Terriers publié en 1894, parle des premiers Yorkshires : « le défunt Peter Eden de Manchester, célèbre pour ses Carlins et ses Bulldogs, possédait un très beau Yorkshire, Albert.
« Albert avait les oreilles naturellement tombantes, ce qui donna l'origine de la taille des oreilles, qui n'avait pas encore était envisagée pour les Yorkshires. La taille des oreilles devint donc une règle pour la race, et bien des années passèrent avant qu'on puisse voir un Yorkshire aux oreilles naturellement pointues et non taillées.
« Dans les expositions les plus anciennes, on vit de splendides exemplaires dont les oreilles étaient entières, et on créa une catégorie spéciale pour eux. La longueur du poil sur le corps et la tête de certains des meilleurs chiens est incroyable, de même que sa texture et sa couleur.
« On dit que le petit Conqueror,

chien de Madame Troughear de Leed, avait une robe uniforme d'une longueur de 24 pouces (61 cm) et d'un poids de 5 livres et demi (2,5 kg). L'un des plus élégants représentants de cette race, véritable champion miniature, était Smart, appartenant à M. Kirby, qui remporta un grand nombre de prix il y a 20 ans. »

Il faut souligner que Peter Eden était un grand juge, très estimé, et qu'il eut le mérite de produire le premier « stock » de Yorkshire Terriers, tout d'abord enregistrés sous le nom de Broken-haired, Scotch et York Terriers, et que c'est encore lui qui enregistra le premier chien du Kennel Club Stud Book... qui n'était autre qu'Albert. Celui-ci fut un excellent étalon et il apparaît dans le pedigree de l'ancêtre le plus célèbre des Yorkshires : le grand Huddersfield Ben.

Celui-ci fut un excellent reproducteur et il influença la race de manière déterminante en transmettant son tempérament ainsi que la couleur, la texture, les nuances et la longueur de son poil. Il appartenait à Mme M. A. Foster, propriétaire de l'élevage « Bradford » et avait été élevé par M. Eastwood de Huddersfield, passionné d'un sport alors très en vogue : les paris sur les chiens chasseurs de rats, appelé « ratting ».

Huddersfield Ben passa les premières années de sa vie à chasser les rats, domaine où il réussit admirablement. Les époux Foster ne l'acquirent qu'âgé de quatre ans. A force de soins passionnés, ils firent de Huddersfield Ben le vainqueur de nombreux prix sur tout le territoire anglais.

Ses principales victoires aux expositions sont : Manchester, 2e prix en 1869 et 3e prix en 1870 ; Crystal Palace, 1er prix en 1870 et 2e prix en 1871. Il remporta 74 prix en tout ! Parmi ses fils les plus célèbres, il faut rappeler la petite Little Kate, Benson, Emperor, Mozart, Codben, Dandy (tous champions).

Les illustrations de l'époque, qui reproduisent les sujets cités plus haut, montrent que les Yorkshires n'étaient pas aussi compacts que le standard l'établissait. Les rapports des juges qui apprécièrent Mozart aux expositions, disent par exemple qu'il avait le dos trop long. On voit souvent Huddersfield Ben et Little Kate représentés ensemble : on peut alors observer, outre la longueur du dos, une différence de taille notable. Des témoignages indiquent en effet un poids de 12 livres pour Ben. L'enthousiasme et les compétences de Madame Foster firent beaucoup pour la race. Son mari et elle exposèrent pour la première fois en 1864 ; et ils étaient encore présents 47 ans plus tard, présidant tous les rings de Grande-Bretagne, avec à leur actif des légions de champions.

A. M. Foster, qui élevait également d'autres races, demanda le droit de juger dans les expositions et devint ainsi la première femme-juge dans l'histoire des expositions.

Ch. Ted était un autre de ses bons Yorkshires. Descendant direct de Huddersfield Ben, il était né le 20 juillet 1885 de Annie et Young Royal. Il pesait environ 1 800 g, mesurait 22,86 cm de hauteur et 43,18 de longueur. Le poil de sa robe était très long et dépassait sa hauteur au garrot. Ch. Ted obtint 265 premiers prix et prix spéciaux.

Le 15 août 1890, « The Canine World » parle de Ch. Ted en ces termes : « c'est désormais une célébrité du monde cynophile et personne, jusqu'ici, n'a réussi à égaler sa beauté et ses victoires [...]. La semaine dernière encore, durant la prestigieuse exposition de Leed, le petit champion s'est distingué par la dignité, la grâce et l'élégance avec laquelle il comparaissait sur le ring, entouré d'autres races énormes par rapport à lui [...]. L'animal avait environ 20 mois lorsque Madame Foster en fit l'acquisition en mars 1887 ; sa robe était déjà splendide, de couleur extrêmement affirmée, surtout dans les nuances ».

Le fameux champion Ted (de H. de Bylandt, Les Races de chiens, *1904)*

Ch. Ted fut lui aussi un bon reproducteur : l'un de ses fils les plus célèbres fut Halifax Marvell, connu plus tard sous le nom de Teddy d'Aspinall ; sa robe était magnifique de par sa couleur et sa longueur.

On peut déduire des rapports des juges que le poids variait à l'époque de 1 350 à 3 150 g. Il arrivait cependant que dans une même portée, on trouve des sujets très petits et d'autres qui dépassaient 5 400 g.

La couleur bleue du dos et les nuances dorées de la tête et des pattes étaient très appréciées. On attachait également une grande importance à la longueur du poil qui devait être soyeux, ainsi qu'à la tête, à la petitesse des oreilles et à un dos droit.

Madame Foster éleva également le plus petit des Yorkshires enregistrés à cette époque : Bradford Queen of Toys, qui pesait seulement 681 g. Monarch fut un autre sujet important. Il était le fils de Teddy, né le 18 avril 1893 ; il fut élevé par R. Richardson.

Bradford Peter et Bradford Ben, deux champions du passé (de H. de Bylandt, Les Races de chiens, *1904)*

A l'époque victorienne, les Yorkshires de petite taille étaient très recherchés, et leur taille fut ainsi considérablement réduite.

On trouve dans *Les Races de chiens*, écrit par le comte Henry de Bylandt (1904) la description suivante.

Yorkshire Terrier

Aspect général : chien de dame ou de salon, recouvert de longs poils qui retombent également de chaque côté du corps et sont séparés par une raie qui va du museau à la queue. Il est plutôt trapu, bien proportionné et coquet. Il a l'air éveillé et fier. Bien que ses formes soient cachées par sa robe, son corps est celui d'un chien vigoureux.

Tête : assez petite. Les côtés de la tête sont cachés sous un poil très long et aux reflets dorés, toutefois plus sombre que celui du front. Le crâne est petit, plat et non bombé ; ni trop pointu, ni trop arrondi. Le museau est assez large, le poil très long d'une couleur nuancée toujours riche et intense, jamais gris ou noirâtre.
Le poil est long sous le menton et

il est de la même couleur que celui du front, c'est-à-dire d'un marron vif et doré, sans traces de poils noirs ou gris.

Yeux : de grandeur moyenne, de couleur sombre. Le regard est vif et intelligent. Ils sont placés sur le devant de la tête, sans être proéminents, visibles quand le poil est écarté. Le bord des paupières doit avoir une nuance sombre.

Nez : complètement noir.

Mâchoires : de même longueur et pourvues de dents saines et parfaites.

Oreilles : taillées, droites et fines. Le Kennel Club anglais précise que les Yorkshire Terriers nés après le 31 mars 1895 ne doivent pas avoir les oreilles taillées pour les expositions anglaises : dans ce cas, elles sont petites, en forme de V, toujours recouvertes d'un poil court, de couleur marron plus sombre que celui du front.

Corps : très compact et trapu. Le dos est droit et pas trop long. La croupe est robuste.

Pattes : parfaitement droites, rendues invisibles par la longueur du poil, très fourni et d'une couleur marron doré. Ces poils peuvent éclaircir vers la pointe.

Pieds : petits et ronds. Les ongles doivent être noirs.

Queue : taillée à une longueur moyenne, elle est recouverte de poil bleu, plus sombre que sur le reste du corps, surtout à la pointe. Elle est portée un peu en hauteur par rapport à la ligne du dos.

Poil : le plus long et le plus droit possible (touchant terre sans onduler), très brillant et soyeux (sans être laineux).

Couleur : bleu acier brillant, bleu-gris argenté et marron doré qui se répartissent comme suit : tout le corps et la queue sont argentés ; la tête, les oreilles, les pattes, les pieds et le long poil qui retombent sur les yeux sont de couleur marron doré.

Hauteur au garrot : elle peut varier de 20 à 30 cm.

Poids : divisé en deux catégories : moins de 2,25 kg, mais jamais plus de 6 kg.

Le barème de l'époque est également intéressant :

Aspect général	10	points
Tête	10	points
Yeux	5	points
Mâchoires	5	points
Oreilles	5	points
Pattes et pieds	5	points
Queue	5	points
Abondance du poil du dos	25	points
Qualité du poil	15	points
Intensité des nuances	15	points
Total	100	points

PEDIGREE DE HUDDERSFIELD BEN

	Parents	***Grands-parents***	***Arrière-grands-parents***	***Trisaïeuls***
			Ramsden's Bob	
		Ramsden's Bounce		Haigh's Teddy
				Old Dolly
			Old Dolly	Albert
	Mr. Boscovitch's Dog		Eastwood's Old Ben	Ramsden's Old Ben
				Young Dolly
		Eastwood's Lady	Young Dolly	Old Sandy
				Old Dolly
Huddersfield Ben				
			Ramsden's Bounce	Ramsden's Bob
		Eastwood's Old Ben		Old Dolly
	Eastwood's Lady		Young Dolly	Old Sandy
				Old Dolly
				Haighs'Teddy
			Old Sandy	Kitty
		Young Dolly		Albert
			Old Dolly	

Faelli, au début du vingtième siècle, écrit à propos du Yorkshire : « Son origine est incertaine; selon certains, il serait le produit d'un Terrier de petite taille et d'un Bichon Maltais, mais on ne connaît pas la date d'un tel croisement. C'est aujourd'hui un beau chien de dame, élégant et attrayant. Bien que son poil cache son corps, celui-ci est vigoureux et bien proportionné [...]. Le poil est long et droit, très brillant, de couleur bleu acier. »

Il cite Reul : « Un vrai chien phénomène, une petite merveille zootechnique. Imaginez un manchon de poil soyeux, de teinte dorée, argentée, qui se déplace très vite, comme animé par une machine

PEDIGREE DE MONARCH

	Parents	***Grands-parents***	***Arrière-grands-parents***	***Trisaïeuls***
Monarch	Aspinall's Teddy	Foster's Ch. Ted	Bank's Young Royal	Bank's Old Royal
			Fleming's Annie	Young Alice
		Schofield's Fan	Tindall's Marwood	Hirst's Peter
				Brown's Fan
			Schofield's Peggy	Tindall's Don
				Dolman's Lady
	Richardson's Gipsy	Hustler's General	Bradford hero	Lumb's Huddersfield Ben I
				Townsend's Nettle
			Young Alice	Foster's Bruce
				Smith's Violet
		Richardson's Polly	Aspinall's Little Swell	Crack
				Hustler's Old Alice
			Richardson's Old Gipsy	Manningham Charlie
				....

savante invisible, dotée à l'avant d'une petite pointe noire, le nez, et à l'arrière d'une petite proéminence en guise de gouvernail, qui est l'extrémité de la queue, le tout s'agitant avec une agilité et une rapidité incroyable. »
Les grandes qualités de cette race lui ont donné une popularité toujours plus grande.
Beaucoup d'éleveurs amateurs anglais s'en sont occupés amoureusement.

Le Yorkshire Terrier Club d'Angleterre fut fondé en 1898 et Lady Edith Widham Dawson en fut secrétaire. Le standard officiel de la race fut également établi cette année-là.

Rappelons quelques élevages qui

PEDIGREE DE HALIFAX MARVELL

	Parents	*Grands-parents*	*Arrière-grands-parents*	*Trisaïeuls*
Halifax Marvell	Foster's Ch. Ted	Bank's Young Royal	Bank's Old Royal	
			Young Alice	
		Fleming's Annie	Hirst's Peter	
			Brown's Fan	
	Schofield's Fan	Tindall's Marwood	Tindall's Don	
			Dolman's Lady	
		Schofields Peggy	Lumb's Huddersfield Ben II	Foster's Huddersfield Ben
			Townsend's Nettle	Lumb's Rose

se sont distingués au cours des années : Yohnstounburn, de Madame M. V. Crookshank ; Invincia, de Madame A. Swan ; Stirkean, de Madame A. Stirk ; Leodian, des époux Henry.

De nos jours, la race est appréciée et populaire dans le monde entier. Une évolution positive s'est faite, sans s'éloigner des caractéristiques indiquées par les premiers standards rédigés.

Le standard

Le standard décrit les caractéristiques d'une race et il est établi par le pays d'origine. Nous le retranscrivons ici intégralement. De brefs commentaires et des illustrations explicatives en faciliteront la compréhension. La classification FCI est la suivante : standard n° 129 ; 3e groupe ; section 4a - Terrier de compagnie.

Aspect général

Chien à poil long et droit, qui retombe en bon ordre de chaque côté du corps, divisé par une raie allant de la truffe à la pointe de la queue. Son corps est compact et harmonieux, il se tient très droit et montre ainsi une structure vigoureuse et bien proportionnée.

Caractéristique

Petit Terrier vif et intelligent.

Tempérament

Plein d'entrain et équilibré.

Le Yorkshire est un chien de compagnie, au tempérament vif et intelligent. Il est petit mais fort, doté d'un squelette solide et d'une musculature tonique ; il est en même temps élégant et fier. Son poil long, retombant de chaque côté du corps, est sa caractéristique la plus typique et celle qui retient l'attention.

SQUELETTE

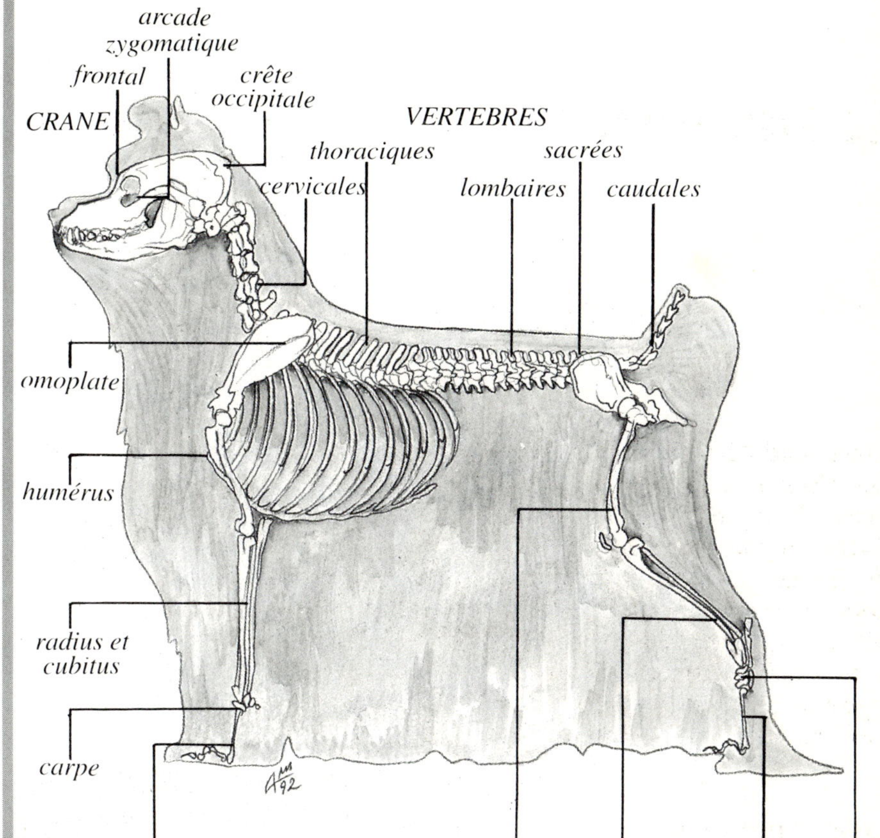

arcade zygomatique
frontal
crête occipitale
CRANE
VERTEBRES
thoraciques
sacrées
cervicales
lombaires
caudales
omoplate
humérus
radius et cubitus
carpe
métacarpe
fémur
tibia et péroné
métatarse
tarse

REGIONS DU CORPS

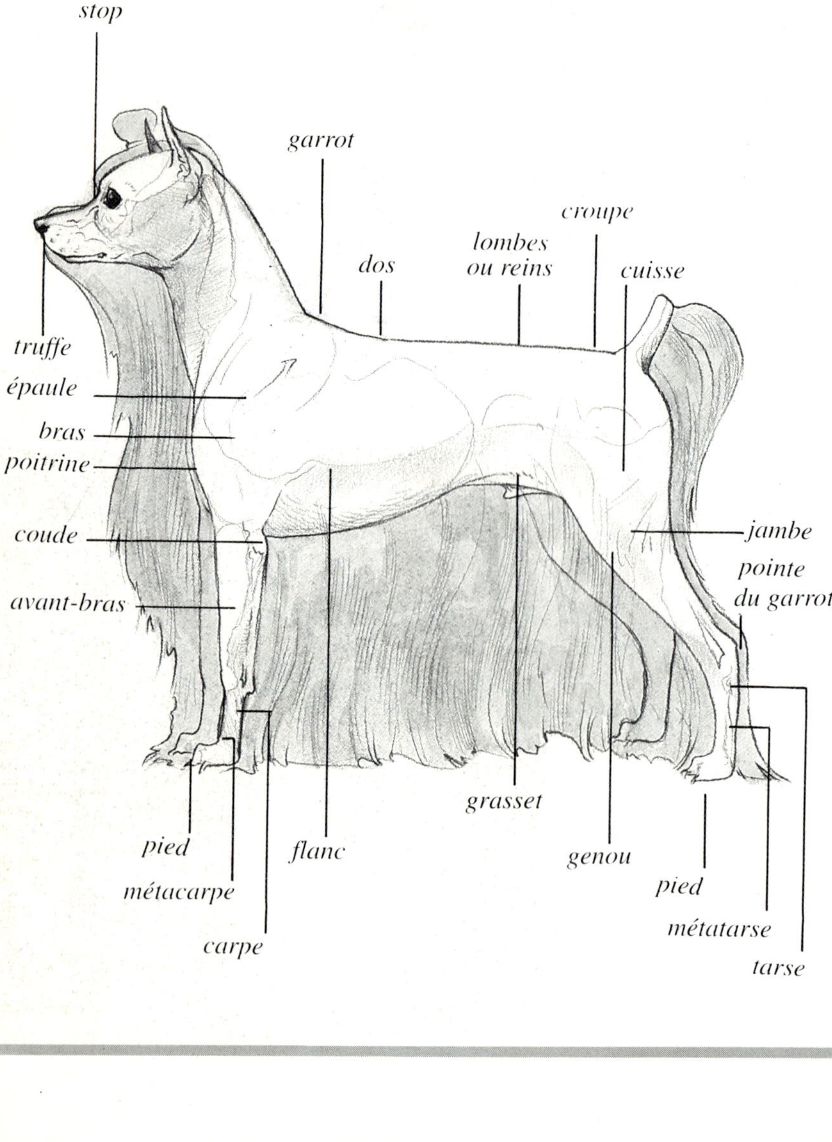

Ch. jeune S. Mar., jeune promesse ENCI Original of Millmoor. Eleveur : élevage of Millmoor. Prop. : S. Parisi

Tête et crâne

La tête est plutôt petite et plate. Le crâne n'est ni trop proéminent ni trop arrondi. Le museau n'est pas trop long et la truffe est noire.

Yeux

De grandeur moyenne, ils sont foncés et brillants. Leur expression est vive et intelligente et leur forme leur permet de regarder droit devant eux. Ils ne sont pas globuleux et la fente palpébrale est sombre.

• *La tête est gracieuse, harmonieuse et proportionnée au corps. Le crâne n'est pas trop proéminent, ni trop arrondi (défaut typique du nanisme), mais plutôt plat. Les axes du crâne et de la face sont parallèles. Le stop doit être assez accentué. La tête est entièrement recouverte de longs poils d'une belle couleur feu doré.*

• *Les yeux ne doivent être ni ronds ni proéminents, ni trop grand ouverts. Ils ne doivent pas être trop rapprochés ou trop éloignés.*

• *Les oreilles trop rondes ou trop éloignées ne sont pas admises, ainsi que les oreilles trop épaisses. Le poil de la pointe des oreilles est taillé de façon à mettre en évidence leur forme et leur taille.*

TETE CORRECTE

de 3/4

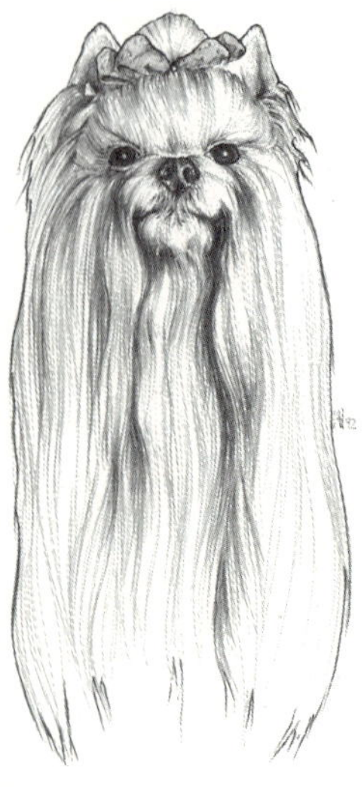

de face

MUSEAU INCORRECT	*YEUX INCORRECTS*

MUSEAU INCORRECT

axes divergents

chanfrein trop court

YEUX INCORRECTS

trop rapprochés et allongés

trop grands et ronds

OREILLES INCORRECTES

trop grandes

plutôt divergentes

à moitié tombantes

Oreilles

Petites et en forme de V, elles sont dressées, pas trop éloignées l'une de l'autre, couvertes d'un poil court marron roux intense.

Bouche

La denture est parfaitement régulière, les incisives perpendiculaires aux mâchoires, avec une fermeture en ciseaux. Les mâchoires sont de longueur identique.

L'harmonie des proportions de Ch. Falpalà delle Antiche Mura est notable. Falpalà est Championne italienne, int., mond., Winner Amsterdam, Ch. Soc., Bundessiegerin, Clubsiegerin Ungh., Ch. junior S. Mar. Sa conformité au standard, son allure correcte, son tempérament ont favorisé sa victoire dans de nombreux Best in Show. Eleveur et prop. : élevage delle Antiche Mura

La denture doit être régulière, avec des dents solides et saines. La fermeture est en ciseaux : la partie interne des incisives supérieures doit toucher la face externe des incisives inférieures. Le prognathisme, supérieur comme inférieur, est un défaut.
Le prognathisme supérieur résulte d'un développement insuffisant de la mandibule : les incisives supérieures dépassent les inférieures. Plus cette avancée est grande, plus le défaut est grave.
Le prognathisme inférieur résulte d'un développement insuffisant de la mâchoire supérieure : les incisives inférieures sont par conséquent portées trop en avant par rapport aux supérieures.
Chez un sujet d'exposition, la présence des six incisives supérieures et des six inférieures est indispensable.

Cou

Bonne extension.

Membres antérieurs

Les épaules sont droites, couvertes d'un poil marron rouge doré, avec quelques tons plus clairs aux extrémités et à l'attache des membres, sans dépasser le coude.

SUJETS INCORRECTS

grave défaut de la colonne verté-brale (cyphose)

grave défaut de la colonne verté-brale (lordose)

SUJETS DEFECTUEUX

inclinaison excessive de l'humérus, épaule droite et donc cou peu dégagé

postérieur trop rigide et croupe trop haute

SUJETS DEFECTUEUX

cou trop court

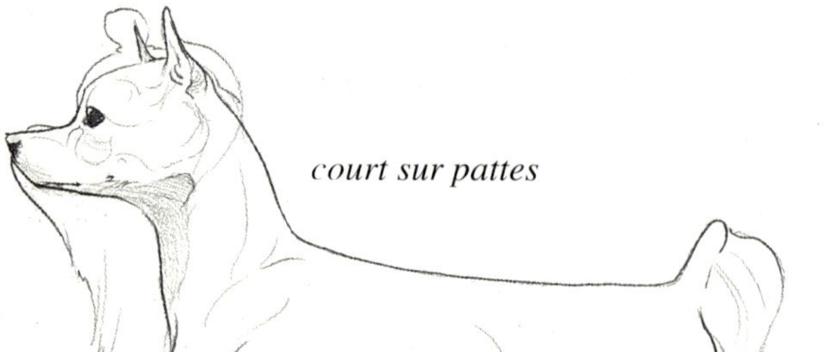

court sur pattes

SUJETS DEFECTUEUX

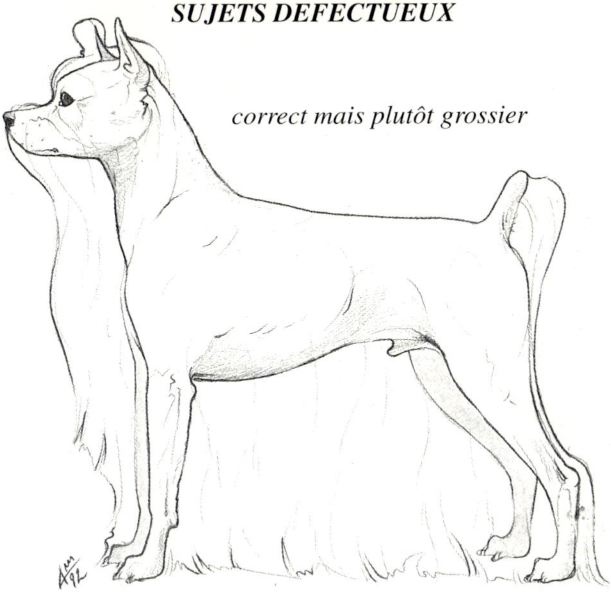

correct mais plutôt grossier

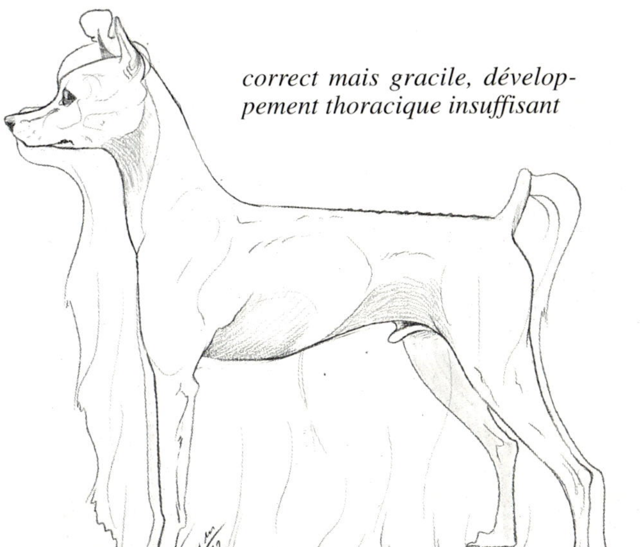

correct mais gracile, développement thoracique insuffisant

Tronc

Il est compact, les côtes étant légèrement arquées. Les reins sont bien solides et la ligne dorsale est droite.

Le tronc est solide, fort et compact, avec une poitrine bien développée. La ligne dorsale doit être droite, parallèle au sol et « ferme », même lorsque le sujet est en mouvement. La cyphose et la lordose sont des défauts. On reconnaît une cyphose lorsque le dos du chien présente une courbe convexe dans la région lombaire. La lordose apparaît comme une courbe du dos, due à la convergence des vertèbres dorsales à leur sommet, à cause du relâchement excessif des ligaments.

Membres postérieurs

Ils sont droits vus de dos : l'articulation fémur-coccyx est relativement fléchie. Ils sont recouverts d'un poil marron roux doré, avec des tons plus clairs aux extrémités et à l'attache des membres, mais jamais au-dessus des grassets.

Pieds

Ronds et aux ongles noirs.

Notez le soyeux du poil du Ch. mondial, italien et international, reproducteur Fili delle Antiche Mura. Eleveur et prop. : élevage delle Antiche Mura

Les membres antérieurs et postérieurs doivent avoir des aplombs corrects et être couverts d'un poil marron doré. Les membres postérieurs sont bien articulés. Les pieds sont ronds avec les doigts bien serrés. Les coussinets et les ongles sont noirs.

APLOMBS ANTERIEURS

cagneux
(poitrine trop large)

correct

panard
(poitrine trop étroite)

APLOMBS POSTERIEURS

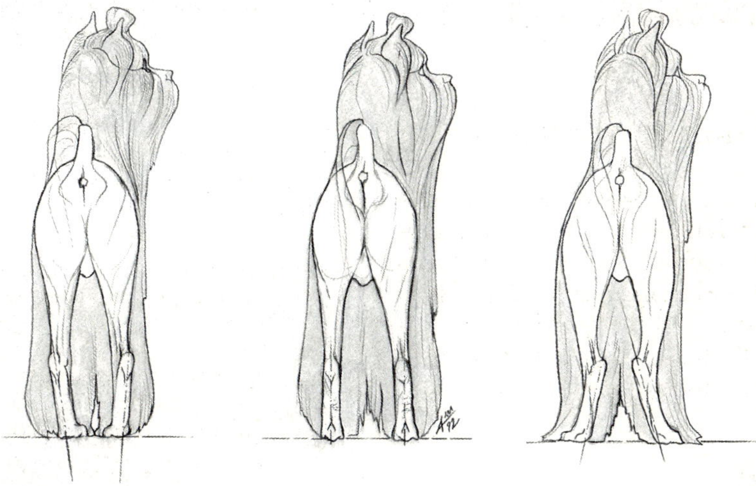

cagneux

correct

panard

Queue

Elle est taillée à la moitié de sa longueur ; bien garnie de poils, d'un bleu plus foncé que sur le reste du corps, surtout à la pointe. Portée un peu haut sur le dos.

La queue se porte plus haut que la ligne dorsale. Elle n'est pas entière mais taillée lorsque le chiot a quatre ou cinq jours.

Allure

Déliée, avec une bonne propulsion. Les mouvements antérieurs et postérieurs sont parallèles et maintiennent bien droite la ligne dorsale.

Il doit se mouvoir avec aisance et vivacité, à un rythme régulier et de façon coordonnée, sans dévier ni à droite ni à gauche, et sans croiser ses membres.

Champion italien, My Shadow delle Antiche Mura. Eleveur : élevage delle Antiche Mura. Prop. : F. et T. Moia

Champion italien, S. Mar., vice-champion mondial, Phoebe delle Antiche Mura. Eleveur et prop. : élevage delle Antiche Mura

Robe

Le poil est assez long sur le corps, absolument droit (sans ondulations), brillant.
Il est fin et soyeux, jamais laineux. Il retombe long sur la tête, d'un marron doré, plus intense sur les côtés de la tête, à l'attache des oreilles et sur le museau où il doit être très long.
La couleur de la tête ne doit pas s'étendre au cou, ni se mélanger aux poils anthracite ou foncés.

robe insuffisante

robe à nuances trop sombres

En évidence, la beauté de la tête du champion de Hollande, d'Allemagne, Belgique, de VDH, International, Luxembourg, Europe Siegerin, Winner Belge, Bundessiegerin, champion mondial en catégorie jeune, M'Nishi of Millmoor. Eleveur et prop. : élevage of Millmoor et My Precious de R. et M. Engelen

Champion Ever Trouble of Millmoor. Champion mondial, international, européen, américain, hollandais, allemand, français, luxembourgeois, belge, VDH, Bundessg., etc.
Outre sa beauté, Ever Trouble montre ici toute sa noblesse. Eleveur et prop. : élevage of Millmoor et My Precious (photo R. De Cat)

Champion Gatsby of Sweetlords, fils de My Precious Clide. Prop. : M. Vuye, Belgique (photo Collin)

Couleur

Bleu acier foncé (non argenté) de l'occiput à l'attache de la queue, qui ne se mélange jamais à des poils fauves ou bronze. Sur la poitrine, marron roux vif. Tous les poils de cette couleur ont la caractéristique d'être plus foncés à la racine et plus clairs à la pointe, avec un dégradé progressif.

Taille

Le poids peut aller jusqu'à 3,1 kg.

La robe doit avoir une texture soyeuse. Elle est brillante, riche, longue, et retombe droite sur les côtés du corps. Elle est parfaitement divisée par une raie qui part du nez pour arriver à la queue. Elle ne doit pas boucler ou être trop peu fournie. Le poil laineux est un défaut. Le Yorkshire adulte est bleu acier sombre, de l'occiput (partie postérieure de la tête) à l'attache de la queue.

La couleur doit être uniforme, il ne doit y avoir aucune nuance, ni plus claire ni plus foncée. Le sommet de la queue doit être couvert de poils d'un bleu acier plus foncé que sur le reste du corps. La tête, la poitrine, les pattes et le dessous de la queue sont d'un beau marron doré, plus sombre à la racine du poil qu'à la pointe.

De plus, sur la tête, la couleur est plus intense autour des oreilles, sur le museau et sur les côtés. Le marron doré de la tête ne doit pas être « charbonneux », c'est-à-dire présenter des poils noirs, et il ne doit pas dépasser l'occiput. Chez le Yorkshire adulte, une robe noire sur le dos est un défaut, de même qu'une robe argentée et claire, avec des nuances pâles, couleur crème ou charbon. Le roux du Setter irlandais est également indésirable. La robe et sa couleur sont primordiales et contribuent à donner son caractère typique et son charme au Yorkshire.

Wilawan, fille de S'Aghapò delle Antiche Mura, à l'âge de 13 mois. Eleveur et prop. : R. Ruocco

Défauts

Toute déviation du standard est un défaut qui sera pénalisé selon sa gravité.

Note

Les mâles doivent avoir deux testicules d'aspect normal, bien descendus dans le scrotum.

Le caractère

Dépeindre le caractère d'un Yorkshire est assez facile : ce petit être possède la somme des qualités nécessaires pour être le parfait animal de compagnie qui deviendra bientôt (ou mieux, tout de suite !) l'ami de la famille dans laquelle il arrive.
Pour raconter son tempérament et ses attitudes, le plus agréable est encore de décrire sa façon de vivre, ses espiègleries et ses minauderies, son langage.
Je possède plusieurs Yorkshires, le choix est donc vaste.
Pour commencer, chacun d'entre eux parle avec un lexique qui lui est propre, des intonations et des modulations de l'aboiement personnelles. Ils peuvent demander doucement, ou donner un ordre sèchement, ou simplement communiquer franchement leurs intentions.
Quand la sonnette retentit, ils hurlent tous ensemble qu'un étranger essaie de s'introduire dans notre territoire (le mien et le leur), que nous ne connaissons pas ses intentions, qu'il faut être attentif et qu'ils ne se laisseront pas intimider et se défendront jusqu'à la mort.
Lorsque je hurle à mon tour que l'étranger est un ami et qu'ils peuvent être tranquilles, le silence règne à nouveau.
En revanche, lorsque Nanni, le vétérinaire, arrive, on ne connaît plus un instant de paix. Ils le connaissent bien et aboient à n'en plus finir pour lui signifier qu'ils ne veulent pas de piqûres, qu'ils se souviennent qu'il a taillé la

Champion espagnol, int,. Vip Top Winner. Eleveur et prop. : élevage Vip de E. Lodi Bertoni Carrà

queue de leurs chiots et qu'ils n'accepteront plus ses persécutions !

Quand le téléphone sonne, ils aboient pour me le signaler, au cas où je n'aurais pas entendu ; et lorsque la conversation commence, ils se taisent, conscients d'avoir accompli ce qu'ils considèrent comme leur devoir.

Thinkerbell est une femelle très tranquille : elle dort toute la journée, un peu sur le divan, un peu dans le fauteuil de son maître, un peu sur le lit. Elle joue aussi un peu avec une souris blanche en caoutchouc.

De temps en temps, elle distribue son affection à ceux qui l'entourent (en particulier, elle grimpe jusqu'au cou qu'elle étreint avec fougue en appuyant son petit museau sur le visage de l'infortuné, (pour lui prouver son amour). Elle le fait également avec ses semblables (les effusions sont alors diffé-

Le Yorkshire n'aime pas rester seul trop longtemps. Si son maître doit s'absenter régulièrement, il vaut mieux lui offrir la compagnie d'un autre Yorkshire.

Deux champions du monde : à gauche My Precious Clide, à droite Ch. C. C. Rider of Millmoor. Les deux sujets correspondent exactement aux indications du standard. Eleveur et prop. : élevage of Millmoor et My Precious

rentes : elle se couche près de l'objet de son amour, le dévore des yeux et allonge une patte pour le caresser toutes les 5 mn).
Mais Thinkerbell se transforme en furie à l'heure de la pâtée, c'est-à-dire à 9 heures pour le petit déjeuner et à 18 heures pour le dîner.
Lorsque Teresa commence à préparer la pâtée, Thinkerbell commence à hurler de toutes ses forces pour réclamer qu'on fasse vite, pour dire qu'elle meurt de faim, etc. Nos voisins, qui ne connaissent pas Thinkerbell, doivent penser que, chaque jour à 9 h et à 18 h, nous torturons et tuons un Yorkshire, ou même d'autres animaux plus gros et plus féroces. Parfois mes nerfs lâchent et je la gronde mais je fonds immédiatement... On ne peut pas gronder Thinkerbell car dès qu'elle me voit fâchée, elle cesse immédiatement de mettre ses cordes vocales à dure épreuve et commence à me faire comprendre qu'elle n'était pas sérieuse, qu'au fond elle est une bonne petite chienne qui peut bien attendre cette sacrée pâtée encore quelques minutes... Puis, lorsque ma bonne humeur est revenue, elle recommence à hurler pour qu'on se dépêche...
Au contraire, Harleda, notre grand-mère qui, bien qu'âgée de presque quinze ans, joue encore frénétiquement comme un chiot, a développé une modulation particulière de la voix pour faire savoir qu'elle désire quelque chose : c'est une espèce de « aah » qui, de doux, se fait impérieux si elle n'est pas satisfaite.

L'objet de ses désirs est chaque fois différent, mais nous sommes bien entraînés à la comprendre : descendre du divan, monter sur le divan, sortir, entrer, avoir un jouet, goûter ce que nous mangeons...
Elle utilise également ce « aah » avec ses congénères (et atteint son but avec eux aussi) quand elle veut un jouet avec lequel ils s'amusent ou quand elle veut un panier déjà occupé ou encore si elle veut dormir sur « son » coussin rouge qu'un autre a occupé quand elle était prise ailleurs.
D'autres fois, ils « parlent » dans leur sommeil. Alors qu'ils sont profondément endormis, on les entend gémir un peu et on les voit sursauter doucement pendant qu'ils rêvent, peut-être de jeux dans le jardin ou du papillon qu'ils ont suivi, ou des odeurs les plus intéressantes.
Pour exprimer leur joie et leur émotion au retour de leur maître, ils émettent une série de gémissements très doux pendant qu'ils essaient de lui sauter sur les jambes avec une exubérance incroyable, ils remuent la queue, lui arrachent des caresses, distribuent des baisers et sourient.

Tulle delle Antiche Mura vers 2 mois a déjà commencé « l'école d'apprentissage » pour les expositions. Eleveur : élevage delle Antiche Mura. Prop. : I. Fabre

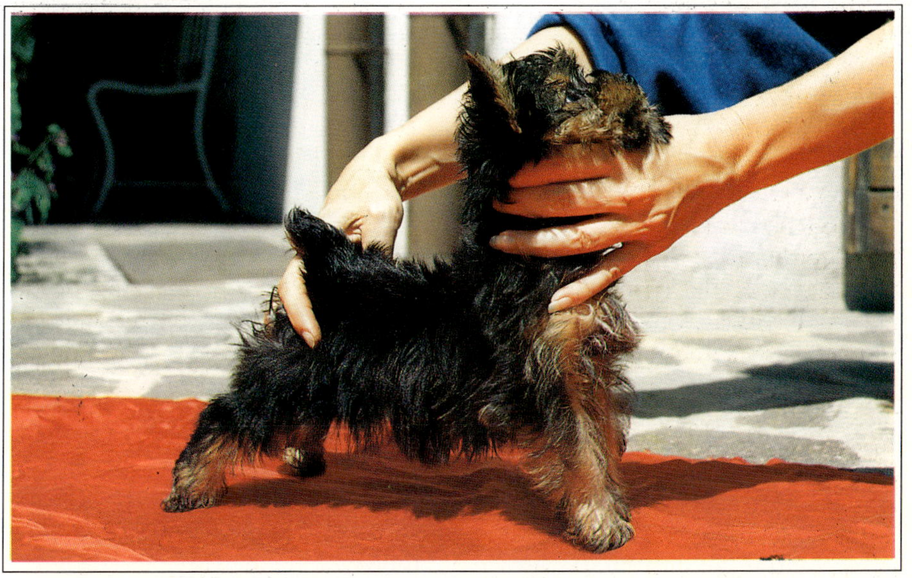

Ch. My Precious Loftyness, fille de Agapi delle Antiche Mura, contrôle le monde par la fenêtre. Eleveur R. Engelen. Prop. : M. L. Sälzer

Most ajoute à tout ce show des petites morsures de « bienvenue ».
Si ces petits personnages, qui semblent parfois sortir d'un *cartoon* de Walt Disney, possèdent d'une part la capacité de communiquer par des contacts, des sons ou des attitudes particulières, ils savent d'autre part être vraiment très attentifs aux messages qui leur sont adressés.
Ils comprennent beaucoup de mots, c'est pourquoi nous avons instauré l'habitude de prononcer certains mots à voix basse, comme « allons-y » ou « sortons » que nous murmurons désormais presque entre nos dents, pour éviter qu'un groupe compact ne veuille sortir avec nous.
Avec Fili, nous évitons désormais de dire « regarde la jolie petite femelle » pour éviter sa réponse habituelle « je l'aime à la folie ». C'est en effet un de nos « maniaques sexuels », pas le seul d'ailleurs. Parfois nous plaisantons avec lui, en parlant de jolie femelle. Il se met alors à chercher dans les recoins les plus impensables la femelle prête à s'accoupler que nous lui avons annoncée !
Les Yorkshires utilisent également les mimiques faciales et réussissent vraiment à exprimer les états d'âme les plus divers grâce à cette capacité expressive.
Je trouve cela particulièrement amusant lorsqu'on leur propose un morceau de nourriture qu'ils n'ap-

Un chiot Yorkshire s'intègre naturellement à tous les milieux et, de part sa grande sociabilité, il n'aura pas de difficultés à s'adapter aux exigences et aux rythmes de ses maîtres et à fraterniser avec les autres chiens présents (même de grosse taille) ou les chats. On a de nombreux exemples de parfaite coexistence entre Yorkshire Terrier et Doberman ou Saint-Bernard... ainsi qu'avec des chats Persans, Chartreux.

En bas, Ch. Agapi delle Antiche Mura à l'âge d'environ 14 mois, quand, encore « enfant », il commençait à gagner ses premières récompenses, et ci-contre, toujours Ch. Agapi à l'âge adulte. Eleveur et prop. : élevage delle Antiche Mura. On a écrit de Ch. Agapi : « Cet exemplaire est une star. Il a un aspect très noble : tête fine, attache correcte de l'oreille, yeux sombres, fermeture correcte des dents, cou bien inséré, bien structuré, dos exactement droit et compact, queue bien insérée. La robe présente les bonnes nuances, le très beau bleu acier ; qualité, longueur et masse de poil énorme. Il n'a pas de défauts ! » (J. Weinberg, juge spécialiste de la race)

précient pas spécialement : devant cette offre, ils restent tout à fait immobiles, ils reniflent à peine et effleurent du regard le morceau proposé puis soulèvent et écartent exagérément les lèvres, haussent un peu la tête, puis se tournent ostensiblement de l'autre côté, façon de dire « quel poison veut-on me faire avaler ? ».
Ils sont également très curieux et le montrent tous les jours : ils veulent toujours être au premier rang pour savoir ce qui se passe à la maison comme au-dehors. Par exemple, lorsque nous revenons avec les courses, il faut qu'ils viennent les analyser, pour voir si nous avons fait les bons choix. Ils adoptent exactement la même attitude avec les sacs des ordures, pour s'assurer que nous n'avons rien jeté qui puisse être intéressant. Ils ont un sens aigu du territoire et le montrent particulièrement lorsqu'ils sortent pour se promener dans le jardin : après deux ou trois courses effrénées pour extérioriser leur joie de vivre et leur plaisir d'être au grand air, ils commencent à arroser tous les angles de leur périmètre.
Le passage obligatoire pour tous, et plusieurs fois, est un camélia. La pauvre fleur résiste maintenant depuis plusieurs années à ce traitement... mais elle apparaît tout de même bien terne.
Le premier à aller l'arroser est normalement Agapi, puis arrive Falpalà, qui est une femelle, mais

qui lève la patte pour la circonstance, comme un mâle ; c'est ensuite les autres qui se succèdent. Puis le rituel recommence, avec un air de « déjà vu », Agapi arrive, suivi de près par Falpalà et ainsi de suite. Et cela se répète encore. Lorsque quelqu'un me demande pourquoi ce camélia ne pousse pas et a l'air si misérable, je réponds, pleine de remords pour cette pauvre fleur, que je n'en ai pas la moindre idée.
Au jardin, les Yorkshires explorent chaque angle, courent après les papillons, restent à l'arrêt devant de petits animaux, dorment au so-

A gauche, le champion international et français, Twin'Star du Gué de l'Adour. Eleveur et prop. : élevage du Gué de l'Adour de Y. Jan, France

Le champion Bi'Ennas Move-me, fils du Ch. mondial Agapi delle Antiche Mura. Eleveur et prop. : élevage de Bi'Enna de Sorensen, Danemark

leil, se roulent consciencieusement dans l'herbe, observent les fleurs, défient les chats des voisins, engagent des luttes rituelles et... lisent le journal ! C'est ainsi que je définis leur façon de tout flairer, chaque brin d'herbe, chaque caillou : c'est le recueil des nouvelles du jour.

Quelquefois, fatigués de « travailler » et de s'ébattre, ils se mettent à brouter l'herbe comme des moutons en train de paître, ce qui me fait toujours douter de leur identité.

Cela fait, ils vomissent gracieusement l'herbe ingérée.

Ce sont des chiens très affectueux, qui vouent un attachement inconditionnel à leur maître.

Ils nous suivent toujours, attendant de pouvoir nous voler une caresse, un câlin, un mot gentil ; ou bien, très rapides, ils sautent sur l'occasion de se retrouver dans nos bras, pour nous dispenser leurs cajoleries.

Parfois, ils m'observent patiemment et me suivent dans tous mes déplacements. Lorsque je m'assois finalement dans un fauteuil, leur rêve devient réalité : je suis enfin à portée de main, ou plutôt de patte !

Beth est un Yorkshire qui accomplit un travail très important : il fait partie d'une unité anti-terroriste de la police anglaise. Il s'occupe inlassablement de la surveillance des aéroports et sait repérer, grâce à son flair entraîné, les bagages contenant de la drogue ou des explosifs. La police a enrôlé Beth, consciente du fait que son aspect doux et sans défense n'alarmerait pas les malfaiteurs. De fait, Beth remporte des succès.

Ils me sautent dessus d'un bond presque félin, sans se soucier d'atterrir assez lourdement sur mon estomac, et commencent à me montrer à quel point je leur ai manqué et combien ils m'aiment. Ils continueraient pendant des heures, mais lorsqu'un peu exaspérée je leur dis d'une voix sèche que j'ai compris, qu'ils me l'avaient déjà dit et que cela suffit, ils creusent un peu de leurs pattes arrière sur mon ventre (pour mettre tout en ordre) et s'y pelotonnent, poussant un long soupir satisfait, après cela ils s'endorment, songeant que quelquefois la vie est vraiment belle...

Ils ne s'ennuient jamais et peuvent s'amuser avec n'importe quoi, un morceau de papier aussi bien qu'un jouet en peluche.

Depuis que, selon eux, j'ai eu des réactions hystériques et exagérées, ils ne rongent plus les pantoufles, ne déroulent plus le papier hygiénique, ne réduisent plus le journal en minuscules morceaux, ne mangent plus les fleurs et ne volent plus les objets les plus disparates sur la table du salon.

A l'exception, il est vrai, de Maggiolina qui avait trouvé très drôle de s'approprier un paquet de bonbons et le gardait ostensiblement serré entre ses dents, courant la tête haute à travers toute la maison pour trouver un coin tranquille où explorer en paix cette nouveauté.

Divadivina delle Antiche Mura à l'âge de 15 mois. Eleveur : élevage delle Antiche Mura. Prop. : S. Lazzaroni

Le reste de la bande lui courait après en protestant, car on ne touche pas à ces choses-là, mais Maggiolina, qui est très jeune, l'ignorait. Maintenant, elle le sait.
Chaque Yorkshire, au-delà des caractéristiques communes, a sa propre personnalité.
Par exemple, Kika, tout en étant douce, intelligente, curieuse et affectueuse comme les autres est aussi très indépendante. Elle comprend très bien ce qu'on attend d'elle, mais si elle n'est pas d'accord, elle le met « en discussion ». Un jour, n'ayant plus rien de nouveau à découvrir dans le jardin, elle s'est hissée gracieusement sur la palissade et avec un bond de guépard, elle a atterri dehors, dans l'espoir d'y faire une promenade plus intéressante. Sourde à mes cris de rappel, vive comme une gazelle, la queue haute, elle a disparu hors de ma vue. Après les dix minutes les plus longues de ma vie, faites de vaines recherches et de pensées horribles du genre : une voiture va la renverser, ou quelqu'un va la voler, la

On Trouble of Millmoor à l'âge de 11 mois. Eleveur : élevage of Millmoor et My Precious. Prop. : élevage Debonaire's de B. Undén, Suède

La sieste de la championne mondiale Falpalà delle Antiche Mura. Eleveur et prop. : élevage delle Antiche Mura

voilà qui revient exubérante, qui me saute dans les bras en me racontant son expérience et en me jurant, de l'air le plus innocent du monde, qu'elle n'a pas entendu mes appels.

Nous avons rehaussé la palissade. Kika est très agile, volontaire et... généreuse. Elle a des chiots en ce moment, mais ce n'est pas la première fois : elle a déjà plusieurs enfants et c'est une situation qui lui est familière. Cette fois c'est une petite portée de cinq chiots. Elle se trouve dans une pièce qui,

Cette race s'entend très bien avec les enfants. Le problème vient de sa petite taille qui fait qu'elle peut très bien se faire piétiner par inadvertance, ou être serrée trop fort. La solution est d'expliquer aux enfants qu'ils n'ont pas affaire à un jouet mais à un animal vivant et relativement fragile, qui doit être respecté et aimé. Un rapport commencé de cette manière évoluera de la meilleure façon et il s'instaurera entre le chien et l'enfant une chaude camaraderie.

il y a très longtemps, était mon salon personnel, et qui est maintenant devenue une nursery. Cette pièce est partagée en deux parties : une moitié est réservée à Kika, avec sa couche et ses chiots ; l'autre côté est pour Most et ses trois chiots.

La séparation est une sorte de grille haute d'environ 80 cm. Dès qu'un chiot de Most se lamente, Kika escalade vite l'enclos et se précipite pour le consoler. La première fois que j'ai assisté à cela, j'ai eu un coup au cœur en pensant qu'il pourrait arriver quelque chose de vilain, que Kika pouvait vouloir tuer le chiot par jalousie. Maintenant nous savons qu'il ne s'agit que de sa tendresse de tante (c'est ainsi que nous l'appelons) envers les petits de Most. De temps en temps, elle offre même un peu de lait aux chiots de Most. Celle-ci, qui s'en rend compte, laisse faire. Un jour, Teresa et moi avons vu les chiots de Kika qui dormaient seuls dans leur enclos, lovés les uns contre les autres, et dans l'autre couche les chiots de Most, Most et Kika qui dormaient les uns sur les autres. Inutile de dire qu'à chaque fois nous prenons Kika et la remettons à sa place. Mais l'histoire continue. Les chiots de Kika, qui lui ressemblent un peu (la pomme ne tombe jamais loin de l'arbre), hurlent de temps en temps pour lui rappeler qu'ils existent aussi et la ramener à son devoir, qu'elle exécute d'ailleurs toujours méticuleusement. Ils ont dix-huit jours seulement, mais ils gambadent déjà un peu sur leur territoire, ils grognent lorsqu'ils le croient nécessaire, mais se montrent déjà reconnaissants lorsqu'on leur apporte à manger. Quand on leur donne de la viande mélangée à un peu de lait, ils se jettent entièrement dans le plat et se lèchent ensuite l'un l'autre pour recueillir les morceaux étalés sur les pattes, le museau, la tête en grognant de satisfaction.

Kika est un peu despotique et si l'un de ses congénères l'irrite, elle l'abreuve d'imprécations ; si cela ne suffit pas, elle « s'impose » : elle se met de trois quarts et l'observe ouvertement, immobile dans une attitude de défi et de tension.

Si tout cela ne suffit pas, elle passe aux actes et le malmène avec une férocité insoupçonnable, portant haut l'étendard de sa colère !
Après l'intervention humaine destinée à faire cesser la lutte libre, Kika se jette à terre, ventre découvert, dans une attitude très humble qui explique qu'elle ne le fera plus mais que c'est l'autre qui a commencé.
Les Yorkshires sont également prévoyant et pensent toujours au futur. Même saturés de nourriture, ils réclament une bouchée qu'ils ne peuvent pas manger : ils vont alors cacher ce qu'on leur donne. Nous connaissons bien le dépôt secret d'Agapi et, bien dressés, lorsque la sonnette retentit, nous allons vers le petit canapé dont nous soulevons le coussin pour en enlever les morceaux de pain, de jambon, de fromage. Puis nous ouvrons la porte, souriant, sachant que les gens pourront s'asseoir sans y trouver de surprises. Ces petites scènes de la vie quotidienne sont la meilleure explication du caractère du Yorkshire.
Mais comment dire en deux mots ce qu'est ce petit bout de trois kilos ?
C'est un compagnon et un ami affectueux, doté d'un grand sens de l'humour, il est curieux, il est drôle, jamais ennuyeux, il est tranquille mais vif, il a de la personna-

Margherita della Meridiana. Eleveur et prop. : élevage della Meridiana

Beaucoup de Yorkshires ont « travaillé » pour le cinéma et la télévision. Tous ont été de bons acteurs : de Punto qui collaborait à une émission en passant par les trois petits du film « Un poisson nommé Wanda », jusqu'à Chiffonette, héroïne du film « Spider », ou à la longue série d'interprètes de spots publicitaires et de cassettes vidéo.

lité... Il est tout de même méfiant : il croit toujours qu'on mange mieux que lui...

Il comprend tout de suite l'état d'âme des personnes qui l'entourent et il agit en conséquence. Il sait s'adapter à toutes les situations.

Quelles sont ses attitudes naturelles ?

Le sens du territoire : une prédisposition à monter la garde, une tendance à la collaboration avec son maître.

Il a du charme, et il aime plaire !

V. O. de Penghibur durant une exposition aux Etats-Unis, rendu encore plus charmant par sa victoire et... par un coup de vent imprévu. Eleveur : élevage de Penghibur, France. Prop. : élevage Vip

Comment comprendre son chien et s'en faire comprendre ?

Par le professeur M. Verga

Il nous est arrivé à tous de remarquer la variété de signaux que les chiens utilisent, tant avec d'autres chiens qu'avec l'homme : signaux vocaux, comme gémir, aboyer ou grogner ; signaux visuels, comme se baisser sur les pattes arrière pour inviter au jeu, ou baisser les oreilles et la queue en signe de crainte.

Tous les signes cités ci-dessus, et beaucoup d'autres, comme les signaux olfactifs transmis surtout par l'émission d'urine, font partie d'un « langage », qui est le système de communication propre à chaque espèce. Effectivement, à l'intérieur de chaque espèce, les animaux communiquent entre eux par des messages qui leur sont propres.

Communiquer... pourquoi ?

Le langage est évidemment signe d'un certain niveau de sociabilité, c'est-à-dire du développement d'une vie sociale au sein de laquelle chaque individu trouve sa place et son rôle par rapport aux autres. Système avantageux, tant pour l'individu que pour le groupe. C'est en effet grâce aux indications du groupe que l'individu trouve la possibilité de se nourrir et de s'accoupler, c'est-à-dire de survivre et de se reproduire. Quant au groupe, il reste cohérent sans que ses membres luttent continuellement entre eux.

De plus, la communication entre membres d'un groupe social per-

Knachy dello Zaffiro. Eleveur et prop. : élevage dello Zaffiro de G. Mori

met une défense plus assurée contre le danger, qui est signalé rapidement, même à distance, par des messages sonores.
Le chien fait partie des espèces très développées socialement, étant en l'occurrence une espèce riche en signaux de communication, surtout visuels, sonores et olfactifs.

Les messages du museau

Les expressions du museau sont fondamentales dans le langage canin, particulièrement chez les races qui peuvent modifier la position des oreilles. Celle-ci, ainsi que celle des lèvres, nous révèlent les intentions du chien. En résumé, on peut retenir les points suivants :

- un regard fixe et attentif, la pupille rétrécie, accompagné quelquefois d'un grognement sourd et d'un léger hérissement du poil du dos, est un signe de menace ;
- un regard baissé et fuyant est signe de timidité, mais s'il sous-entend la peur véritable, il peut devenir un signal d'attaque ;
- un regard attentif, accompagné d'un battement de queue, d'un aboiement et d'une inclinaison du corps vers l'avant, peut signifier « veux-tu jouer avec moi ? » ;
- un regard languide et « parlant », presque implorant, le chien pouvant être assis et avoir l'eau à la bouche, signifie tout simplement que le chien attend patiemment sa pâtée ;
- un regard absent, une position apathique et une faible réaction à son entourage peuvent indiquer la maladie, d'origine physique ou nerveuse ; parfois, un tel regard précède de réelles crises de nerfs qui peuvent entraîner des réactions très agressives et absolument imprévisibles, pouvant même être dirigées contre l'homme.

Les messages du corps et de la queue

Le corps du chien, dans son ensemble, est capable de transmettre un « discours », que ce soit en changeant de posture ou en hérissant le poil jusqu'à donner l'impression qu'il a augmenté de volume. Le principe général est simple : plus la pose est imposante (oreilles dressées, poil hérissé, station debout), plus elle montre une domination sur l'environnement, y compris sur les autres chiens et les hommes ; à l'inverse, plus la pose est humble (queue entre les jambes, oreilles basses, position rampante), plus l'intention du chien est de se montrer soumis, vaincu, ou « amoureux » dans le cas d'un mâle courtisant une femelle en chaleur.

La signification du battement de queue n'est pas encore très claire : nous comprenons tous le message de notre chien quand il arrive vers nous en remuant la queue avec sa laisse, sa gamelle ou sa balle dans la gueule, et nous l'interprétons comme le désir d'aller en promenade, d'avoir à manger, ou de jouer avec nous.

Cependant, le chien remue la queue, même dans des situations de rivalité avec d'autres chiens, avec une signification agressive. Ce comportement se manifeste d'ailleurs déjà chez le chiot durant la tétée et, en général, quand il est en compétition avec ses frères.

ROLE DE LA QUEUE SELON CERTAINS AUTEURS

Elle pourrait être :

a) un signal social ou sexuel, dans la mesure où elle couvre et découvre la zone anale et génitale, la cachant ou la montrant aux autres pour éveiller leur attention ;

b) un signe du rang social de l'individu à l'intérieur de la meute, dans la mesure où l'intensité et l'ampleur du battement de queue peut indiquer le contrôle de son émotivité par l'animal.

Notez l'élégance, la bonne extension du cou et le beau port de tête du champion Just You of Millmoor. Eleveur et prop. : élevage of Millmoor et My Precious

Chacun peut, d'un mouvement de queue, signaler sa présence, en répandant son propre signal olfactif qui, comme on le verra plus loin, est un autre système de communication important.
Le battement de queue, dans l'attente du jeu ou d'une récompense, est un signal infantile que le chien adulte gardera envers ses semblables et l'homme.

CE QUE PERÇOIT LE CHIEN

Certains sont convaincus que le chien perçoit si une personne a des intentions amicales ou un sentiment de crainte, etc.
En réalité, l'animal peut très bien montrer qu'il a compris des messages transmis par l'homme, ne serait-ce que par la position de son corps.

Que dit le chien lorsqu'il « parle » ?

Les messages sonores sont largement utilisés par le chien pour communiquer, y compris sur de grandes distances. On connaît les chœurs qui se déclenchent aux heures les plus impensables quand, alors qu'on dort du sommeil du juste, les chiens de tout le voisinage se signalent mutuellement un bruit suspect ou simplement le passage de quelqu'un. Et on connaît aussi l'aboiement furieux de certains chiens qui signalent ainsi à leur propriétaire que quelqu'un s'approche de la maison, ce qui est naturel en tant que système de défense de son territoire par le chien, mais quelque peu fastidieux pour le propriétaire, au-

tant que pour ses voisins ! C'est toutefois l'un des buts de la communication sonore : signaler un danger au groupe, de manière à pouvoir préparer la défense immédiatement.
Les messages sont différents selon le type de voix utilisé : le chiot signale à sa mère qu'il a froid, faim ou besoin de soins en gémissant ; l'adulte signale à ses compagnons en aboyant qu'il faut être attentif au danger ou à une proie ; le mâle signale à la femelle, par une série de sons variés, son ardeur amoureuse.

Comment communiquer oralement avec son chien ?

Beaucoup de personnes pensent que le chien « comprend » la signification des mots les plus variés et des discours les plus complexes, au point de pouvoir instaurer avec lui un véritable dialogue, que ce soit pour le récompenser ou bien pour manifester son désaccord.
La seule certitude, c'est que le chien apprend à associer un signal donné à son comportement : par exemple, il peut associer le mot « viens » au fait de s'approcher de nous et au fait de recevoir une récompense ; ou encore le mot « assis » au fait de s'asseoir devant nous pour recevoir immédiatement une caresse accompagnée d'un « c'est bien » ; ou les mots « va-t-en » en réponse à sa tentative de grimper sur notre divan préféré, suivi d'un « non » de désapprobation.
A travers de telles associations, on instaure ce qu'on appelle « l'apprentissage par conditionnement », c'est-à-dire que le chien apprend qu'il y a une relation entre un certain signal sonore et son comportement. Le mot-signal correspondant à chacun des messages que nous voulons transmettre n'a pas d'importance, l'important étant d'utiliser toujours le même mot pour chaque message, sur le même ton et en faisant les mêmes gestes. Sans cela, le chien serait dérouté et on ne pourrait plus attendre de lui qu'il comprenne des signaux différents et y obéisse, même s'ils veulent dire la même chose.

Quand le chien aboie sans raison...

Il arrive souvent que le chien tente littéralement d'assourdir son entourage en aboyant sans cesse et on entend des propriétaires désespérés dire « je ne sais plus ce qu'il faut lui donner ou lui dire pour le faire taire ».
Mais lorsqu'on sait qu'aboyer est pour le chien un système de communication, il est tout à fait logique de constater que notre attention et notre réponse, loin de faire

Le rêve devenu réalité : Agapi delle Antiche Mura est champion mondial, italien, allemand, international, belge, français, hollandais, luxembourgeois, Winner Amsterdam, Winner Belgique, Ch. Jeune 1 DYC, 1 DYC Clubjugendsieger, Winner New York. Il a de plus été de nombreuses fois Best in Show dans les expositions nationales et internationales. Eleveur et prop. : élevage delle Antiche Mura de A. Tomaselli

Le champion Introuble of Millmoor. Eleveur : élevage of Millmoor et My Precious. Prop. : R. Bigot, France

taire le chien, l'encouragent à aboyer.
C'est donc au propriétaire de faire la différence entre l'aboiement « motivé » et l'aboiement inutile. Il faut prêter attention au premier et ignorer le second, pour que l'animal puisse remarquer quand son système de communication est approuvé ou non. Par exemple : si votre chien aboie longuement après vous avoir apporté sa

balle, ne pensez pas qu'il arrêtera si vous le faites jouer, car il recommencera très vite. Si, au contraire, vous lui apprenez à obéir à un commandement de silence, alors vous pourrez lui lancer la balle pour jouer avec lui, en le récompensant de son silence.

Les signaux olfactifs et la marque du territoire

Si vous avez un chien mâle, vous avez sans doute remarqué que, durant les promenades quotidiennes, si d'autres chiens sont présents, et surtout si vous allez dans un endroit peu familier, sa première préoccupation est de « marquer » d'urine tous les objets verticaux présents : arbres, roues d'automobiles, angles d'immeubles, etc. De cette manière, votre chien signale aux autres chiens sa présence et qu'il est éventuellement prêt à s'accoupler avec les femelles disponibles.

Le message olfactif est basé sur l'émission d'odeurs à travers l'urine, la matière fécale, la salive et certaines glandes ; dans les périodes de chaleur, des « phéromones » sont émises. Ce sont des sécrétions dont l'odeur particulière indique la disponibilité pour l'accouplement.

Le marquage du territoire est plus intense de la part des animaux « dominants », qui affirment de cette manière leur position. Un tel comportement peut être réduit par la castration.

Le fait de creuser des trous dans le sol peut également représenter un système de marquage du territoire.

Lorsque le chien salit la maison

Ce comportement pénible est caractéristique d'un chiot à peine introduit dans le milieu familial et va en diminuant, jusqu'à disparaître lorsque l'animal, après une éducation adéquate, a appris qu'il ne doit « salir » qu'à l'extérieur du milieu domestique. Si un tel comportement dure, il peut être le signe d'un état pathologique (le chien, malade, ne peut se retenir) ou d'une mauvaise éducation ou encore d'un trouble du comportement.

Le « syndrome de l'abandon » en est un exemple, quand le chien ne salit la maison que lorsqu'il est seul.

L'urine « de soumission » est un cas particulier : le chien urine en plus ou moins grande quantité, par exemple au retour de ses maîtres, après être resté seul, ou quand il a été réprimandé ou encore lorsqu'il est particulièrement agité. C'est un phénomène émotif, qu'on ne résout jamais en punissant : comme pour les cas précédents et pour tous les problèmes de comportement, il est nécessaire de rechercher et de comprendre ce qui est à l'origine du trouble. Une fois exclue toute cause pathologique, on peut intervenir pour modifier le comportement de l'animal, si possible de manière durable et définitive.

Notez l'intensité des couleurs et la parfaite pigmentation de Guitar Gold of Millmoor. Les quelques poils noirs qu'on voit sur la tête ne sont imputables qu'à sa jeunesse ; dans quelques mois, le poil en sera débarrassé. Eleveur et prop. : élevage of Millmoor et My Precious

QUELQUES REGLES DE COMMUNICATION AVEC LE CHIEN

• Le chien est un animal social : son comportement est déterminé par ses caractéristiques d'espèce et de race et par le milieu dans lequel il vit, de l'âge de chiot à celui d'adulte. Pour lui donner une éducation correcte et afin d'obtenir un animal équilibré, il faut communiquer avec lui et comprendre ses messages, dès qu'il est chiot, car c'est surtout dans cette première période de sa vie qu'il a le plus de capacités d'apprentissage.
• Si vous voulez « soumettre » votre chien (à condition d'avoir d'abord établi votre « domination » sur lui), prenez-le par la peau du cou comme le fait la mère avec ses chiots.
• Regarder un chien dans les yeux est un signe de défi.
• Des stimulations particulières, tels que des cheveux, des uniformes, des tenues hors normes, comme la blouse du vétérinaire, peuvent provoquer des réactions de fuite ou d'agressivité chez le chien non habitué.
• Parfois, le chien peut mal réagir même à des stimulations apparemment neutres, du moins à nos yeux. En général, cela arrive parce que l'animal associe ces stimulations à des expériences particulièrement négatives ou traumatisantes vécues auparavant.
• On ne doit pas s'approcher d'un chien inconnu les bras levés, en gesticulant ou en battant des pieds.
• Chaque commandement d'obéissance doit être donné avec un message sonore et visuel toujours égal. Si plusieurs personnes s'occupent du même chien, il est important que toutes lui donnent des signaux concordant et que toutes aient les mêmes réactions face à ses comportements.
• Les récompenses ou les punitions (pas trop violentes !) ne sont efficaces que si elles sont immédiates et non données quelques heures ou même quelques minutes plus tard.
• La communication entre l'enfant et le chien est en général spontanée et réciproque ; toutefois, il vaut mieux contrôler, surtout au début, leurs rencontres afin d'éviter de désagréables malentendus, de part et d'autre.

La reproduction

Par le professeur L. Guidobono Cavalchini
et le docteur C. Cristofalo

L'accouplement

Le choix d'accoupler son chien doit être fait avec soin. Cela nécessite des connaissances spécifiques qui découlent d'une bonne préparation et d'une expérience solide.
Si l'on n'est pas suffisamment préparé, il vaut mieux se fier aux conseils d'éleveurs expérimentés et sérieux. Il est nécessaire d'évaluer les sujets individuellement, mais aussi de connaître la généalogie et les résultats des précédents accouplements.
Les reproducteurs doivent évidemment être sains et ne pas transmettre d'anomalies héréditaires (dysplasie de la hanche, cryptorchidie, ectropion, entropion, surdité, cécité, atrophie progressive de la rétine, etc.). Ils doivent, en outre, présenter des caractéristiques morphologiques et un caractère franc et équilibré.
Affronter la gestation, la mise bas et surtout l'élevage et le sevrage des chiots peut être une expérience émouvante et assez agréable à condition d'être prêt à faire des sacrifices, d'avoir du temps et de disposer d'un lieu adapté. Il est nécessaire de prévoir suffisamment à l'avance à qui l'on donnera les chiots sevrés et de quelle manière.
Le chien est une espèce dont les chaleurs et l'ovulation se manifestent en moyenne tous les six mois, mais avec une amplitude très variable (de cinq à douze mois) dépendant autant de l'individu que de la saison.

COMMENT S'APERCEVOIR DES CHALEURS ?

- *Elles sont d'une durée de trois semaines environ, avec des variations individuelles notables.*
- *Le comportement de la chienne change : elle devient nerveuse et irascible avec des fugues fréquentes et imprévisibles, à la recherche de mâles.*
- *Elle joue volontiers avec d'autres chiens, mâles ou femelles, ainsi qu'avec ses maîtres, en imitant l'accouplement.*
- *Elle urine fréquemment mais très peu à chaque fois, et souvent en levant la patte, comme les mâles.*
- *La vulve s'élargit et la chienne se lèche fréquemment.*
- *Elle a de légères pertes vaginales sanguinolentes pendant les neuf ou dix premiers jours.*
- *L'ovulation a lieu entre le dixième et le quatorzième jour, et la femelle accepte alors le mâle.*
- *On observe cependant une grande variabilité selon les individus.*

Les chiens sauvages, quant à eux, ne sont en chaleur qu'une fois par an en moyenne.

La chienne est en chaleur pour la première fois à l'âge de huit à douze mois, mais il vaut mieux ne la faire saillir qu'à partir des deuxièmes ou troisièmes chaleurs, car l'organisme n'est pas encore complètement mûr et une grossesse pourrait en compromettre le bon développement. Les chaleurs se manifestent durant toute la vie de la femelle qui n'est jamais ménopausée ; elles ne cessent donc pas avec la vieillesse.

Il vaut mieux ne pas accoupler la femelle à chaque période de chaleur. Une fois sur deux est une bonne moyenne, de façon à laisser un temps suffisant entre deux grossesses. On déconseille l'accouplement aux chiennes à partir de sept ou huit ans.

Les différentes étapes physiologiques du cycle reproductif sont influencées par de complexes variations hormonales.

La femelle accepte le mâle exclusivement pendant la période de l'œstrus et généralement entre le dixième et le quatorzième jour, même si on trouve des femelles qui acceptent le mâle pendant plusieurs jours et d'autres pour un bref laps de temps : un jour ou même moins.

En général, une fois fécondée, la femelle n'accepte plus le mâle. Il est possible de repérer la meilleure période pour l'accouplement à l'aide d'un examen microscopique, d'un frottis vaginal ou d'une analyse du progestérone.

Les mâles atteignent également la maturité sexuelle vers huit à douze mois, mais il est préférable d'attendre l'année suivante pour les accoupler. Ils sont attirés par

Irrépréhensible profil de My Precious Keep-Up, champion mondial, danois, allemand, international VDH, champion européen, Klb. Sg. Eleveur et prop. : élevage of Millmoor et My Precious

l'odeur des femelles qu'ils réussissent à percevoir à des distances considérables.
Le mâle est fécond toute sa vie si on l'accouple régulièrement ; en revanche, un chien n'ayant jamais sailli avant quatre ou cinq ans pourra difficilement se reproduire plus tard.

Déroulement de la saillie

Généralement, c'est le mâle qui est amené à la femelle au moment où elle se laisse saillir. Le moment le plus favorable peut être mis en évidence par des analyses, mais aussi par le comportement de la femelle qui, lorsqu'elle accepte le

Le champion international, My Precious In Love. Eleveur : élevage My Precious. Prop. : Y. Jan, France

mâle, déplace sa queue sur le côté, surtout si on la touche sur le dos. Certaines femelles sont calmes, même en présence de mâles inconnus alors que d'autres, plus nerveuses, ont besoin de temps pour « faire connaissance ». La phase préliminaire est caractérisée par la cour du mâle et par des jeux rituels. Les deux chiens s'amusent et se lèchent jusqu'à ce que la femelle laisse le mâle la chevaucher (saillie) et permette ainsi leur union (copulation). Il arrive que la femelle refuse le mâle de manière énergique et même agressive ; c'est souvent parce que la période n'est pas la bonne, mais la chienne peut aussi, de cette manière, exprimer un problème de comportement. Chez les jeunes sujets, il est parfois nécessaire d'aider le mâle et de retenir la femelle, mais il est toujours préférable que les chiens

LA MEME PORTEE PEUT-ELLE AVOIR PLUSIEURS PERES ?

Il est toujours possible qu'une chienne soit fécondée par plusieurs étalons durant la même période de chaleurs.
En fait, il est possible que plusieurs ovules soient fécondés par les spermatozoïdes d'un mâle et d'autres par ceux d'un deuxième mâle.
Cela peut arriver car la durée de vie d'un spermatozoïde dans l'appareil génital féminin est relativement long. C'est cependant plutôt rare et, de toute façon, chaque ovule ne peut être fécondé que par un seul spermatozoïde.
Il faut cependant être vigilant, même après l'accouplement, pour éviter à la chienne de « mauvaises fréquentations ».

UN ACCOUPLEMENT INDESIRABLE PEUT-IL AVOIR DES REPERCUSSIONS SUR LES PORTEES FUTURES ?

C'était une théorie courante au début du siècle, mais elle est aujourd'hui totalement réfutée grâce aux connaissances biologiques actuelles.
Selon cette théorie, une chienne, qui se serait malencontreusement laissée « séduire » par un bâtard, en supporterait les conséquences négatives jusque sur les portées suivantes.
Il n'y a aucune raison de s'inquiéter : chaque grossesse est le résultat d'un accouplement et ne peut être influencée que par le mâle de cet accouplement précis.

PLUSIEURS ACCOUPLEMENTS SONT-ILS NEFASTES ?

Une idée fausse est répandue : croire qu'une femelle ayant été accouplée plusieurs fois pendant plusieurs jours peut avoir des ovules fécondés à des moments différents. Cela entraînerait la naissance de certains chiots à terme et d'autres de façon prématurée. C'est une croyance sans fondements biologiques car l'ovulation est provoquée par des stimulations organiques précises et se produit rapidement.
Chez les chiens sauvages, il est normal que les accouplements se répètent plusieurs fois, tant que la femelle accepte le mâle, et cela ne nuit en rien à une grossesse normale. En répétant l'accouplement sur vingt-quatre à quarante-huit heures, on augmente la probabilité de fécondation.

aient tout leur temps pour une saillie naturelle.
Durant la saillie, le pénis pénètre dans le vagin, puis le mâle quitte le dos de la femelle et se retourne, sans se détacher d'elle, grâce à une particularité anatomique. Le pénis fléchit d'environ 180° et les deux chiens restent ainsi pendant quinze à vingt minutes, mais ce temps peut varier de cinq à quarante-cinq minutes selon les individus.
Pendant cette deuxième phase, le mâle éjacule. Le volume du pénis diminue et le mâle et la femelle se détachent. Une séparation violente peut provoquer des lésions des appareils génitaux. Il est donc nécessaire que deux personnes assistent à la saillie et soient présentes, dans l'éventualité où il faudrait retenir les chiens pour empêcher une séparation trop brusque.
Un rythme de deux ou trois accouplements toutes les vingt-quatre heures est conseillé.
Au cas où l'on ne réussirait pas à accoupler deux chiens, la fécondation artificielle reste possible.

La gestation

Elle dure en moyenne soixante à soixante-trois jours. Mais il est difficile de savoir avec précision à quel moment se produit la fécondation des ovules, car les spermatozoïdes peuvent vivre assez longtemps dans l'appareil génital féminin. On a vu des cas de gestation durant cinquante-deux à soixante-douze jours après l'accouplement. Il est judicieux de noter les dates de chaque accouplement. Chez le chien, la fécondation de l'ovule ne se produit pas immédiatement après l'ovulation mais a besoin d'une période de maturation de deux à trois jours.

Pendant le premier mois de gestation, la femelle ne montre pas de signe particulier. C'est seulement à partir du second mois que l'on remarque la prise de poids abdominale. Au cours de la grossesse, le poids de la chienne peut varier de 20 à 55 %.

En période de gestation, une chienne a besoin d'exercice physique, avec au moins une promenade quotidienne ; il vaut mieux éviter cependant les efforts trop violents et les sauts.

Pendant le deuxième mois, le régime alimentaire doit être amélioré et on peut donner deux repas quotidiens, en évitant cependant que la chienne ne grossisse trop.

Une semaine avant « l'heureux événement », il faut préparer une « couche » de mise bas.

DIAGNOSTIC DE LA GROSSESSE

• Il s'effectue entre le vingtième et le vingt-cinquième jour après l'accouplement, par palpation abdominale, avec cependant une grande marge d'erreur qui dépend de la masse de l'animal, de son poids et de la possibilité que l'on a de palper son abdomen.

• A la même période, une échographie permet de relever les formations embryonnaires et le battement cardiaque des fœtus.

• Après quarante-six à cinquante jours, une radiographie permet de voir la formation osseuse des fœtus.

• Il n'existe pas, comme pour d'autres espèces, de tests rapides.

La mise bas

Lorsque le terme approche, la femelle est inquiète, creuse des trous et cherche un « nid ». La veille, elle ne mange pas et, les douze à vingt-quatre heures précédant la mise bas, sa température rectale chute d'un degré centigrade. Il est donc bon de surveiller la température pendant quelques jours, toujours à la même heure, et de la noter. Il faut que la chienne ait un endroit où mettre bas. Elle doit avoir à sa disposition un endroit écarté et tranquille, une « couche » de mise bas : on peut prendre une caisse en bois, avec des dimensions variables selon le poids de la chienne. Toutefois, pour un chien de taille moyenne, elles sont de 80 x 100 cm, avec des bords de 30 à 40 cm. On peut également disposer à l'intérieur, à 5 cm de hauteur environ, une balustrade pour éviter que la mère n'écrase ses chiots. On peut clouer une moquette au fond, mais il faudra la changer régulièrement. Durant l'hiver, en l'absence de chauffage, on peut mettre au-dessus une lampe à infrarouges, en faisant attention à ne pas trop chauffer l'endroit. Pendant la mise bas, la chienne doit être le plus au calme possible. Elle n'a généralement pas besoin de l'aide de l'homme, mais il vaut mieux garder un œil sur elle.

Les chiots se présentent généralement par la tête, les membres antérieurs tendus vers l'avant, mais on rencontre fréquemment la position de siège, sans complications pour la mise bas. En revanche, si le chiot ne présente que la tête ou un seul membre antérieur, la naissance sera difficile ; il ne faut en aucun cas tirer, car les tissus du chiot sont encore très fragiles et pourraient subir des lésions graves. Il suffit de seconder la mère dans les poussées qu'elle effectue à intervalles réguliers. La femelle, surtout lors de la première mise bas et si elle a plus de trois ans, peut avoir du mal à expulser le premier chiot et mettre une heure pour le faire.

Le champion hollandais, allemand, My Precious Lady Liberty. Eleveur et prop. : élevage of Millmoor et My Precious

A droite, S'Aghapò delle Antiche Mura. Eleveur et prop. : élevage delle Antiche Mura

Chaque chiot est enveloppé d'un sac transparent (l'enveloppe amniotique) que la chienne déchire juste après l'expulsion (il peut aussi se rompre pendant la mise bas) et qu'elle mange. Le chiot est ensuite poussé à respirer par sa

mère qui le lèche soigneusement après avoir rompu le cordon ombilical en le mordant au niveau de l'abdomen. Elle pousse ensuite le chiot vers ses mamelles. Le placenta est expulsé avec le cordon ombilical ou cinq à dix minutes après la naissance du chiot, et il est mangé par la mère. Deux ou trois heures peuvent s'écouler entre chaque chiot, surtout entre le premier et le second, puis l'intervalle diminue. Quand la chienne est stressée, le dernier chiot peut

Notez comme le jeune champion Tip Top delle Antiche Mura, malgré son jeune âge, présente une robe déjà bien développée. Eleveur : élevage delle Antiche Mura. Prop. : R. et A. Ruocco

être expulsé dix-huit heures après le premier ! La durée de la mise bas est donc variable. Selon le nombre de chiots et l'état de la mère, elle peut durer quatre à six heures ou se prolonger jusqu'à vingt-quatre heures, sans complications.

Dans tous les cas, si la mise bas dure plus de huit heures, il est préférable de consulter un vétérinaire.

Durant la mise bas, les pertes sont verdâtres, avec des traces rosées ; elles sont très odorantes sans être putrides.

Si, au contraire, elles apparaissent jaunes, purulentes ou malodorantes, elles peuvent signifier une infection de l'utérus qui représente un danger réel pour la mère et les petits. Les mêmes pertes verdâtres peuvent aussi précéder la mise bas et sont dues à la formation d'hématomes consécutifs au détachement du placenta. En cas de difficulté, on peut procéder à une césarienne, que le vétérinaire effectue sous anesthésie générale. Vingt-quatre heures après la mise bas, on doit faire examiner la chienne, surtout si elle a de la température.

Il faut également vérifier que

l'utérus évolue normalement. Dans les jours qui suivent la mise bas, l'utérus expulse les membranes et le sang coagulé. Si ce phénomène se prolonge, si les pertes sont anormalement abondantes ou odorantes, il faut consulter le vétérinaire.

Si un grand nombre de chiots ont vu le jour, une forme de tétanie peut faire son apparition chez la chienne. Elle est due à une carence en calcium qui est pompé par le lait qu'elle produit.

Après la mise bas, la femelle passe son temps dans la couche et il est difficile de l'en éloigner. Il faut être vigilant car elle peut se montrer très agressive envers les étrangers et les autres chiens : l'instinct la pousse à défendre sa progéniture.

La femelle allaite durant quarante à cinquante jours, jusqu'au sevra-

Edizione Speciale delle Antiche Mura à l'âge de 16 mois, déjà vainqueur de nombreuses expositions. Ce sujet, lui aussi, présente une robe déjà bien développée par rapport à son jeune âge. Notez, en outre, sa belle ligne dorsale. Eleveur : élevage delle Antiche Mura. Prop. : élevage de France d'Iela de Cassorlas et Carraro, France

LA MISE BAS EST PROCHE...

• *Une à deux semaines avant, les mamelons durcissent et la sécrétion de lait peut commencer, mais elle peut aussi tarder jusqu'à l'avant-dernier jour.*
• *Deux à trois jours avant, la chienne est plus calme, elle s'isole et mange moins.*
• *Douze à vingt-quatre heures avant, la chienne respire plus vite, elle creuse des trous et ronge des objets : elle prépare une couche où mettre bas.*

ge, mais dès le vingt ou vingt-cinquième jour, on peut la seconder avec une alimentation artificielle pour chiots. Durant la lactation, il faut vérifier que les mamelons ne sont pas douloureux et qu'ils donnent tous du lait.

La grossesse nerveuse

Cette pathologie est assez fréquente, y compris chez des chiennes normales. Les symptômes apparaissent deux mois après les dernières chaleurs et rappellent ceux d'une véritable grossesse : faim, soif, inquiétude et même parfois prise de poids abdominale et vomissements.
La lactation apparaît au dernier stade et comporte de sérieux problèmes d'inflammation parce qu'il n'y a pas de chiots pour téter le lait.
La cause de cette pathologie semble être la production excessive de progestérone.

Le choix du chiot

Lorsqu'on décide d'adopter un Yorkshire, il faut se soumettre à un petit test.

• Est-on vraiment sûr de le vouloir ?
• A-t-on pensé que ce n'est pas pour quelques jours ou quelques mois, mais pour toujours ?
• De façon générale, tous les membres de la famille sont-ils d'accord ?
• Dispose-t-on d'assez de temps pour s'en occuper ?
• Est-on conscient qu'il ne peut rester seul trop longtemps ?

Une fois ces questions résolues, on pourra passer à l'information, en consultant les livres et les revues spécialisées et en discutant avec un éleveur sérieux et passionné. On trouve maintenant dans le commerce des cassettes vidéo (éditions De Vecchi) qui peuvent aider de façon plaisante à choisir.
Il faut savoir qu'à la suite d'accouplements sans sélection, on voit dans les rues trop de Yorkshires pelés, sans caractéristiques de race. C'est la conséquence d'une forte demande de chiots à laquelle les éleveurs-commerçants répondent en favorisant cette dégénérescence au nom de la quantité, en dépit de la qualité.
Certains commerces se procurent des chiots bien sélectionnés et sains, mais il en existe beaucoup qui fonctionnent comme un supermarché : ils acquièrent des centaines de chiots qui sont amassés dans des cages, qui doivent supporter le stress d'un voyage sou-

Un Yorkshire sait facilement s'adapter à bien des circonstances : Sunshine, version sportive, d'abord à la mer, puis à la montagne. Prop. : R. Canali et L. Carrara

vent trop long, vivre dans une promiscuité excessive, échangeant leurs parasites et leurs maladies. Ces chiots auront souvent un certificat généalogique invalidé, et souvent faux (comment peut-on reconnaître, dans une cage de vingt ou trente chiots, arrivés d'on ne sait où, le fils d'Untel).
Il est tout aussi difficile de savoir si ces chiots ont bien été vaccinés et de fait, beaucoup de ces chiots meurent de parvovirose ou de toux des chenils.
On peut parfois lire dans des quotidiens ou des revues des annonces de privés qui mettent en vente la

portée de leur chienne. Dans ce cas, il y a de fortes chances pour que les chiots soient sains car ils ont sûrement été traités avec amour et tous les soins nécessaires. On peut seulement émettre des doutes sur leur caractère typique, car les particuliers s'occupent rarement de sélection génétique et généalogique, se contentant d'accoupler leur femelle avec le Yorkshire du voisin, sans se soucier du type ou du pedigree.
La meilleure chose à faire est tout de même de s'adresser pour l'achat, à un éleveur-sélectionneur. On aura ainsi des garanties sur sa santé, sur ses caractéristiques et sur sa taille.

L'AGE ADEQUAT POUR L'ACHAT

Il faut acheter le chiot lorsqu'il a atteint trois mois, on a ainsi un sujet déjà vacciné, complètement sevré et sauf des périls qu'il peut courir dans les premiers jours d'existence. On peut aussi prendre un chiot de sept à neuf mois, dans ce cas, il sera déjà éduqué. Les élevages cèdent parfois des femelles de sept à neuf ans qui ne sont plus aptes à la reproduction, mais qui peuvent être de bons chiens de compagnie pendant de longues années, et qui s'attacheront vite à leur nouveau maître si elles sont au centre de son attention.

Et voici Superman, à l'âge d'un an. Eleveur et prop. : élevage Aviva de H. Odorico, Danemark

En outre cet éleveur suivra l'intégration du chiot dans sa nouvelle famille, donnant à chaque fois les conseils adéquats et toujours disponible dans le futur, si besoin est.
L'éleveur pourra aider au choix en se basant également sur le caractère des chiots : en les observant dans leurs jeux, il aura pu se rendre compte du tempérament de chacun.
Pour avoir des informations sur la liste des éleveurs-sélectionneurs, on peut s'adresser au secrétariat du Club du Terrier du Yorkshire - 23 *bis*, rue Arthur-Petit, 78220 Viroflay - Tél. : 30.24.63.06 qui

A gauche et ci-contre, la championne mondiale Falpalà delle Antiche Mura à l'âge de 2 et de 3 ans. Eleveur et prop. : élevage delle Antiche Mura

Les Yorkshires s'entendent bien avec les autres chiens, même plus gros qu'eux. Voici un chiot avec le Colley Extreme Dream de E. Delhaye, France

s'occupe passionnément de la promotion de cette race depuis longtemps.

Comment doit être un bon chiot Yorkshire ?

Il faut qu'il soit sain et en forme ; petit mais robuste ; vif, avec un poil luisant, des yeux propres au regard attentif et une truffe bien humide.
L'éleveur doit en déclarer les éventuels défauts, et du reste, un

chien dont la couleur est trop pâle ou la taille mauvaise pour un concours, ou auquel il manque une dent, n'en est pas moins un bon chien de compagnie.

Un chiot de deux, trois, quatre mois peut avoir les oreilles pendantes ou semi-tombantes : il les dressera spontanément plus tard, à condition qu'elles ne soient pas trop lourdes.

En ce qui concerne la couleur, rappelons que les chiots naissent noirs, avec de légères taches sur le museau, les pattes, au-dessus des yeux et sous la queue. Puis, peu à peu, ils changent de couleur et, adultes, ils deviennent bleu acier foncé sur le corps et d'un beau marron doré sur la tête et les pattes.

Ils changent de couleur plus ou moins tôt. En général, un jeune Yorkshire peut encore avoir des poils noirs sur la tête, ou même blancs, argentés, alors qu'il est encore noir sur presque tout le corps. Ce n'est pas un défaut, mais simplement la preuve que sa couleur d'adulte est en train de se former. De même, la couleur d'un jeune peut être trop claire, et devenir plus intense avec le temps.

A gauche, profil et port de la queue d'une grande correction chez le champion italien, S. Mar., international, et vice-champion mondial, Phoebe delle Antiche Mura. Eleveur et prop. : élevage delle Antiche Mura

Ci-dessous, Ra delle Antiche Mura, éleveur : élevage delle Antiche Mura. Prop. : L. Cadei

Le champion Victoria du Domaine de Monderlay. Eleveur : élevage du Domaine de Monderlay. Prop. : élevage de France d'Iela

Omnium of Millmoor. Eleveur : élevage of Millmoor. Prop. : W. Heidelberg, Allemagne

Choisir un mâle ou une femelle ?

Il n'y a pas chez cette race de différences majeures dans le comportement des mâles et des femelles : ils auront la même affection pour leur maître, car ils sont tous deux doux et affectueux.
La femelle est en chaleur une ou deux fois par an, mais ses pertes ne sont pas très importantes et elle réussit à se maintenir propre sans tout salir autour d'elle.
En outre, comme elle vit le plus souvent avec son maître, ou de toute façon à la maison, il n'y a pas d'accouplements indésirables.
Il n'y a pas de différence de taille entre mâle et femelle. Le mâle tend instinctivement à marquer son territoire d'urine, mais avec une bonne éducation et un peu de patience, il évitera de « marquer » les pieds de la table et des sièges de la maison.

La taille

L'idée qu'il existe trois tailles de Yorkshires est tout à fait fausse : le standard indique un poids maximum de 3,175 kg ; le poids idéal tournant autour de 2-3 kg.
Il apparaît parfois dans une portée des individus qui seront légèrement en dessous des 2 kg, ou au contraire un peu au-dessus des 3 kg. Naturellement, ces chiens peuvent être de bons animaux de

Le champion Debonaire's Believe in Music, Top Winning en Suède. Eleveur et prop. : élevage Debonaire's de B. Undén, Suède (photo B. Petterson)

compagnie. Toutefois, il est important que le poids ne varie pas trop de cette moyenne.

Le pedigree

En France, la Société centrale canine (SCC) s'occupe de la promotion de la cynophilie et de l'inscription des chiens de race sur des registres appelés Livres généalogiques français (LOF).

Après l'inscription au LOF, la SCC délivre le certificat d'inscription, appelé dans le monde entier pedigree. Les sujets nés en France peuvent être inscrits au LOF, si leurs parents y sont également inscrits.
En ce qui concerne les sujets importés de l'étranger, ils peuvent être inscrits sur le LOF s'ils ont été enregistrés par des sociétés étrangères reconnues par la SCC.
Sur le certificat d'inscription ou

Turyanne Shannon of Shamrock, au toilettage parfait. Eleveur et prop. : K. Kolbert, Etats-Unis. Copropriétaire : R. Engelen

Le champion Crown Royal Ace Malacon. Eleveur : élevage Crown Royal de N. Kneisel, Etats-Unis, et élevage of Millmoor (photo E. Girschick)

Arzachena dei Torregliani. Eleveur et prop. : élevage dei Torregliani de A. Prosdocimi

pedigree, on peut lire le nom du sujet, sa date de naissance, le nom de ses ancêtres jusqu'à la quatrième génération, son numéro d'enregistrement au LOF et des données concernant l'éleveur et le propriétaire.

Il faut cependant distinguer entre le pedigree normal et celui qui correspond à un haut niveau de sélection. Un pedigree parlant par exemple de Chicco, fils de Chicca et de Chicchino, etc., n'est qu'un certificat.

Les pedigrees où apparaissent des sujets champions d'élevages affirmés sont toujours plus importants et mieux garantis.

L'élevage

Conseils généraux

Une fois la grande décision prise et le chiot arrivé à la maison, il faudra prendre un certain nombre de précautions pour que cette nouveauté soit agréable pour lui et pour la famille. Il faut choisir, pour son arrivée, une période pendant laquelle on aura du temps à lui consacrer, afin d'adoucir ce changement de milieu, et pour pouvoir lui donner les bases de son éducation, qui rendront la cohabitation plus facile.
Pendant la première semaine, il est préférable d'ôter tous les tapis de la maison pour éviter que le chiot n'y urine. On pourra les remettre une fois le chiot éduqué.
Les poisons, les détergents, les médicaments et tous les produits de ce genre doivent être rangés hors de sa portée : il faut se comporter comme avec un enfant et éviter que la curiosité du chiot ne le mette en danger.
Il faut également faire attention aux plantes d'appartement : certaines sont vénéneuses. On doit soit les éliminer, soit les mettre hors d'atteinte du chiot. De même, si l'on possède un balcon ou une terrasse, il est préférable de le grillager pour éviter les glissades dangereuses.
On doit lui réserver des objets personnels, comme une gamelle pour l'eau et une pour sa pâtée, une laisse, une couche (on peut opter pour les couches de tissu rembourré qui plaisent beaucoup aux Yorkshires et qui ont l'avantage d'être lavables en machine ; de

Le champion italien My Precious Loftyness, fille de Agapi delle Antiche Mura. Eleveur : élevage My Precious. Prop. : M. L. Sälzer

A droite, le champion européen jeunes, jeune promesse ENCI, champion italien Notorius Chanthelle, fille du champion mondial Agapi delle Antiche Mura. Eleveur et prop. : R. Fedelfio

plus elles sont difficiles à ronger). Par temps froid, un petit manteau est nécessaire. Enfin, pour clore son trousseau, on peut lui acheter un petit sac de voyage pour le transporter.

On trouve facilement tous ces objets dans les magasins spécialisés qui pourront également fournir des jouets en caoutchouc avec lesquels le chiot s'amusera pendant des heures.

Finalement tout est prêt, il ne manque plus que lui. Avant que l'éleveur ne vous le mette dans les bras, vérifiez tout de même que le premier vaccin a été effectué.

Il ne faut pas le laisser seul à peine arrivé, mais lui faire faire le tour de la maison, sans le brusquer.

Selon les cas, on pourra décider de lui faire visiter tout ou partie de son nouveau cadre de vie, toujours avec douceur, en lui présentant aussi tous les membres de sa nouvelle famille.

Il vaut mieux amener le chiot à la maison de jour, pour lui donner le temps de s'habituer à cette nou-

OU GARDER LE PETIT YORKSHIRE ?

Il est si petit qu'un tout petit coin d'appartement lui suffit. Il a besoin de peu d'espace. La seule chose importante pour lui est d'être près de son maître. Il ne dédaigne pas pour autant les courses dans le jardin ou au grand air en général. Il faut cependant souligner qu'il doit vivre en intérieur et non dehors comme des chiens de plus grande taille. Dans la maison ou l'appartement où il vivra, il aura ses coins préférés (qu'il choisira) où il pourra faire un somme dans la journée, toujours prêt cependant à suivre son maître s'il pense que celui-ci fait quelque chose d'intéressant. Son endroit préféré pour dormir la nuit sera sans doute le lit de son maître, mais il saura se faire à cette interdiction. En voyage, il peut suivre son maître partout, car il est accepté partout grâce à sa petite taille : avions, trains ou bateaux.

velle situation avant le moment d'aller dormir. La première nuit loin de ses frères sera ainsi moins dramatique. Elle le sera encore moins si on peut le faire dormir près de son lit, pour pouvoir le caresser de temps en temps.

Le régime

L'éleveur lui-même pourra donner des conseils en ce qui concerne l'alimentation. Voici cependant quelques indications générales (pour plus de détails, voir le chapitre « L'alimentation »).
Le chiot entre deux et trois mois doit manger quatre fois par jour :
- matin : lait ou biscuits, ou quelques tranches de pomme, ou quelques tranches de pain grillé, ou des gressins émiettés ;
- midi : viande de veau hachée et cuite, ou de poulet, dinde ou lapin ébouillantée puis hachée (bien enlever les os) ;
- goûter : un peu de lait ;
- soir : viande (comme à midi), légumes, riz, un peu de sel et un filet d'huile d'olive.

Le chiot entre trois et six mois suit le même régime en supprimant le goûter.
A partir du sixième mois, on ne donne que deux repas, le matin et le soir, ce dernier étant le plus important. La ration du soir (pour un Yorkshire adulte d'environ 2,5 à 3 kg) est d'environ 150 g.
Le Yorkshire est un petit chien, mais il lui faut une alimentation riche : elle doit être concentrée et peu volumineuse. Il vaut mieux qu'il prenne ses repas à heures fixes. Après manger, le chiot aime être laissé en paix. Laisser la nourriture à disposition s'il refuse de manger n'est pas une attitude positive.
Si le petit ne finit pas sa pâtée en quinze ou vingt minutes (en général, il dévore tout en cinq minutes), il faut lui retirer sa gamelle et ne rien lui donner d'autre, jusqu'au repas suivant. La nourriture doit être tiède, ni trop chaude, ni trop froide. Un chien en bonne santé n'est ni trop gras ni trop maigre et son poil est luisant.

Les premiers jours à la maison

Après les deux ou trois jours de « mise en ordre », le chiot se sentira vraiment chez lui et partagera son temps entre les jeux et le sommeil.
Il faudra consacrer un peu de temps au toilettage, car en commençant tout petit, il s'habituera plus vite à ces soins visant tant à l'hygiène qu'à l'esthétique.
On doit aussi faire attention au début à ne pas écraser par inadvertance le petit. Plus âgé, il saura être dans nos jambes sans se faire écraser.
Lorsqu'on le prend dans ses bras,

L'expression douce et intense de Chiffonette, championne des années 80. Mère de la Ch. Falpalà delle Antiche Mura et tante du Ch. Agapi delle Antiche Mura. Elle a été l'héroïne du film « Spider ». Eleveur et prop. : élevage delle Antiche Mura

Le champion Agapi delle Antiche Mura. Notez le port fier de la tête, de la queue et l'élégance de la robe, qui s'ouvre à chaque pas. On a écrit de lui : « Spécimen attrayant de Show, il capture immédiatement l'attention par son aspect général et son comportement. Très belle tête, avec son élégance et son expression fine. Son corps est harmonieux. C'est une joie de le voir en mouvement » (docteur S. Nishi, juge spécialiste de la race)

il faut le saisir à deux mains : une main sous le thorax, doigts vers la poitrine, et l'autre soutenant le postérieur. La tendance naturelle à le soulever par les deux pattes de devant est une erreur qui peut lui faire mal.

On lui présentera peu à peu le monde extérieur. On peut commencer par son propre jardin ou par une rue peu fréquentée, pour passer progressivement à des endroits plus peuplés. Le chiot ne s'effraiera pas, mais sera plutôt curieux de toutes ces nouveautés. Le mieux est de faire les premières sorties avec le chiot dans les bras, avant de commencer à l'emmener en laisse.

Il vaut mieux évidemment ne pas sortir si le temps est mauvais ou très froid.

Le petit doit également s'habituer aux voyages en voiture. Normale-

Le champion international, mondial jeunes, italien, vice-champion mondial, Minuetto Suenia, fille du champion mondial Agapi delle Antiche Mura. Eleveur et prop. : R. Gogna

ment, il n'y aura pas de problèmes car le Yorkshire est rarement malade en voiture. Il vaut mieux toutefois commencer par de petits trajets, longtemps après les repas. Il ne faut pas s'inquiéter si le chiot n'aboie pas au début : avec le temps, il le fera !
Tous les ouvrages sur les chiens apprennent aux maîtres comment interdire aux chiens de grimper sur les canapés et les fauteuils. Mais le problème ne se pose pas pour le Yorkshire qui est un chien de salon par excellence : on pourra lui permettre de monter et descendre des canapés dès qu'il aura atteint l'âge où il pourra le faire sans se faire mal.
Il ne faut donc pas, tout jeune, le laisser seul sur un fauteuil ou sur le lit, et il vaut même mieux le tenir d'une main.

L'éducation

Nous obéissons tous à des règles pour ne pas léser les droits d'autrui. Si l'on agit en vertu des mê-

Divers modèles de paniers

mes principes avec le chiot, on arrivera à une cohabitation agréable. Dans la nature, les animaux observent également des règles très précises. Elles existent aussi chez les meutes de loups, dans lesquelles s'instaurent des hiérarchies très précises qui permettent de vivre en société, où il existe un partage des compétences et des capacités individuelles, et où l'on possède un territoire de chasse.
Le maître devra être le chef de meute aux yeux du chiot, sans pour autant le reléguer à un rang inférieur.
La première règle pour réussir dans ce domaine est la cohérence : si le chiot ne doit pas faire quelque chose, il ne faut jamais lui permettre de le faire car on finirait par créer des confusions et le chiot ne saurait plus ce qu'on attend de lui ; il s'ensuivrait immanquablement une désobéissance involontaire.
La plupart du temps, la mauvaise éducation du chiot est en effet imputable à son maître. De plus, le caractère du chiot aura tendance à se conformer à celui de son maître : une personne nerveuse et hystérique aura un chien nerveux et hystérique, une personne équilibrée et sereine aura un chien équilibré et joyeux. La sensibilité du chiot se développe selon notre manière de le traiter et les situations que nous lui faisons vivre.
Quelques petites précisions sont

nécessaires pour faciliter la communication avec le chiot.

Tout d'abord, les chiens ont une bonne vue mais différente de la nôtre. Ils voient en noir et blanc et ne perçoivent que des nuances de couleurs ; les couleurs les plus intenses leur semblent de légers pastels. En revanche, par faible luminosité, ils voient mieux que nous.

Ils sont très sensibles au mouvement et peuvent le percevoir de très loin.

En ce qui concerne l'ouïe, ils sont beaucoup plus sensibles que nous aux sons aigus.

Quant à leur odorat, il est notoirement très développé : le chien perçoit un univers d'odeurs qui nous sont étrangères, car son nez contient un nombre bien plus grand de cellules olfactives.

Tout cela nous montre que beaucoup des comportements et de réactions du chien face à des stimulations extérieures dépendent de facultés organiques très différentes de celles des humains.

Un jeune chien est tout à fait réceptif à l'apprentissage, mais il est nécessaire d'intervenir justement, en tenant compte de ses exigences et de ses messages-réponses. On

Querelle della Rugiada, fille du champion mondial Agapi delle Antiche Mura, à l'âge de 10 mois. Eleveur et prop. : élevage della Rugiada de M. Properzi

Le champion allemand, hollandais, luxembourgeois, européen My Precious Joss II. Eleveur. : élevage of Millmoor et My Precious. Notez les belles proportions de la tête et l'expression intense, mise en valeur par le stop bien développé et par l'emplacement correct des yeux

Le champion japonais, hollandais, allemand, Winner Amsterdam 89 et 90, My Precious Kama, fils du champion mondial Agapi delle Antiche Mura. Eleveur et prop. : élevage of Millmoor et My Precious. Copropriétaire Morikawa (photo C. Salas Melero)

profitera par exemple de ses capacités à apprendre par associations : quand il se conduira correctement, il faudra alors le complimenter d'un mot gentil, d'une caresse ou d'un morceau de nourriture.
En revanche, si le Yorkshire ne se conduit pas comme nous le voulons, il faudra le gronder (le ton changé de la voix suffit au petit pour comprendre qu'il a fait erreur). La gratification, comme le reproche doivent suivre immédiatement l'action à laquelle ils

A droite, le champion italien, mondial, reproducteur, international, jeunes S. Mar., Fili delle Antiche Mura à l'âge de 2 ans. Eleveur et prop. : élevage delle Antiche Mura

Notez le stop, la forme et la position de l'œil, ainsi que le parallélisme des axes crâne-face de S'Aghapò delle Antiche Mura. Eleveur et prop. : élevage delle Antiche Mura

correspondent : il est inutile de gronder un chien pour une bêtise commise deux heures auparavant car il ne peut associer les deux et sera désorienté. En pratique, il faut le prendre en flagrant délit !
Les châtiments corporels sont absolument impensables. Notre processus éducatif utilise un nombre restreint de mots, qui deviendront, après l'apprentissage, les mots clés chargés de sens pour le chien. Le premier de ces mots clés est un « Non » sec et clair ; le registre s'élargira ensuite.
Il faut lui apprendre à ne pas faire pipi n'importe où. Le chien urine en général après chaque repas, après les jeux mouvementés et au réveil : on choisira donc ces moments pour emmener le petit là où on l'autorise à salir. Il faudra patienter jusqu'à ce qu'il se décide à faire ses besoins pour ensuite le féliciter comme s'il avait accompli des prouesses dont nous sommes fiers.
En revanche, si on le surprend alors qu'il urine dans un coin du salon, il faut le gronder.
Mais si l'on trouve des traces anciennes, dans un lieu inapproprié, il sera inutile et même nuisible de gronder le chiot coupable : la chose la plus utile à faire dans ce cas est de bien nettoyer pour enlever l'odeur qui pourrait amener le chien à uriner de nouveau au même endroit.
Avec un peu de patience et surtout, répétons-le, beaucoup de cohérence, on réussit vite. Il ne faudra pas lui permettre de mordiller portes, meubles et pantoufles. Evidemment, il s'amusera beaucoup si on lui donne une vieille pantoufle à détruire, mais ne comprendra plus notre rage quand il aura également ravagé les nouvel-

les : il ne fait aucune différence ! Il faudra également l'habituer à ne pas glapir ou aboyer quand on le laisse momentanément seul. Il suffit de sortir de la maison et d'attendre sa réaction : si elle est bruyante, il faut revenir pour le gronder. Ce scénario doit être

Le champion Fatima de France d'Iela à l'âge de 17 mois. Eleveur et prop. : élevage de France d'Iela

répété plusieurs fois, jusqu'à ce que le chiot comprenne qu'il vaut mieux rester silencieux, même seul.

Le moment arrivera également de lui apprendre à marcher en laisse. On fait précéder cet apprentissage de quelques exercices de ce type : on invite le chiot à nous suivre sur notre gauche, en le stimulant d'une récompense comestible. Cet exercice peut se faire à la maison ou dehors mais dans un endroit où le chiot est à l'abri des dangers de l'extérieur. On passe ensuite à la laisse, en essayant de

Le champion Diabolo du Gué de l'Adour, fils de Kookaï of Millmoor. Eleveur : élevage du Gué de l'Adour. Prop. : élevage des Alirols

ne pas la lui montrer comme une contrainte et surtout en évitant de le traîner. Le chiot chercherait en effet à s'y opposer et à se libérer. Pour la première sortie, il vaut mieux s'éloigner à environ 100 mètres de la maison avec le chiot dans les bras, puis le poser à terre

Le champion Tilbury de Penghibur. Eleveur et prop. : élevage de Penghibur de Gérard, France

A droite, Diamante de la Villa y Corte, Eurodogwinner belge 91. Eleveur et prop. : élevage de la Villa y Corte de A. Mesto, Espagne (photo C. Salas)

pour revenir. Le chiot sera plus facilement content de revenir vers la maison plutôt que de s'en éloigner. Après deux ou trois sorties, il n'y aura plus de problèmes et le petit sautera de joie à la vue de sa laisse.

Il est préférable de toujours utiliser les mêmes phrases pour donner des ordres au chiot, afin de ne pas créer de confusions (utiliser les mots clés déjà cités). Par exemple, quand on veut que le chien s'arrête, il ne faut pas utiliser une fois « Au pied ! » et la fois d'après « Ici ! », etc. En outre, il faut se souvenir que le chiot est sensible à nos intonations : s'il est grondé sur un ton doux et paisible, il ne comprendra pas ce que nous voulons lui dire. En ce qui concerne le reproche, comme on

Trois modèles d'os jouets

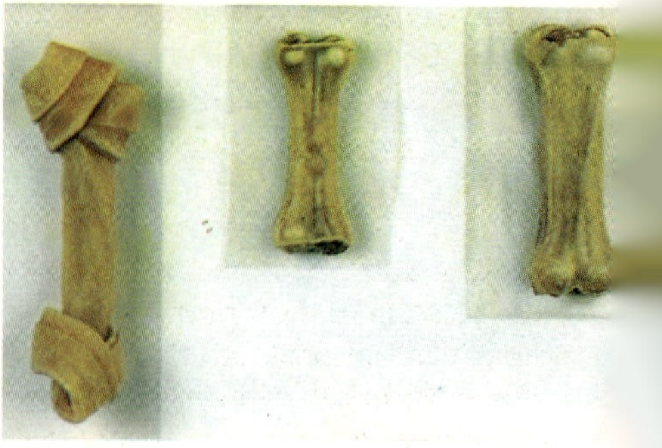

l'a dit, le chiot ne relie pas le présent à une action passée, même relativement récente. Il ne faut donc pas le gronder pour une action commise un quart d'heure plus tôt. Des maîtres qui ignorent cela grondent quand même leur chiot « trop tard » et affirment que celui-ci comprend car il se réfugie dans un coin, les oreilles basses, etc. Ce qui est interprété comme une expression de culpabilité n'est rien d'autre qu'une réaction du chiot au regard et à la voix de son maître, à son attitude. Ainsi, sans en comprendre la raison, le chiot sent un changement d'atmosphère, et comprend que quelque chose ne va pas, ou bien tout simplement que son maître n'est pas dans son état normal : ce qui peut finir par provoquer la timidité et la crainte du chiot vis-à-vis de son maître.
Une autre erreur consiste à appeler le chien pour le punir : à la fin il n'obéira plus car il associera son nom à la punition.
Il faut être cohérent et éviter que des comportements indésirables s'installent. Les Yorkshires, qui sont d'excellents gardiens, aboient parfois pour différents motifs, quand on ne le veut pas. Dans ce cas-là aussi, on peut intervenir d'un « Non ! » sec. Souvent le petit veut tout de même avoir le dernier mot, ce qui se traduit par un

Criseide delle Antiche Mura. Eleveur : élevage delle Antiche Mura

« bof » retenu et soumis, mais il n'aboie plus.

Afin que le petit Yorkshire soit sociable, il est bon de lui offrir l'occasion de rencontrer des gens différents. C'est une excellente méthode, même si, évidemment, les aspects les plus importants de la socialisation doivent être donnés par l'éleveur.

En effet, les phases de socialisation du chiot vont de sa troisième à sa dixième semaines. A partir de la troisième semaine, commence la phase « d'imprinting », c'est-à-dire le moment où le chiot reçoit l'empreinte de son milieu au niveau du comportement. Elle peut venir de sa mère, de l'homme et de l'ensemble de ses expériences. Il est indispensable que l'éleveur réserve, pendant cette période, un peu de temps aux chiots pour les prendre dans ses bras, jouer avec eux, les caresser : ainsi naîtra un rapport d'amitié avec l'homme qui durera toute la vie.

Un chiot de cet âge isolé des autres chiens et ne connaissant que l'homme pendant plusieurs mois, subirait totalement l'imprinting humain et identifierait l'homme à

Un chiot delle Antiche Mura, à l'âge de 35/40 jours

Un chiot de l'élevage delle Antiche Mura à 20 jours

un membre de sa propre espèce. Il pourrait alors, rencontrant un autre chien, ne pas savoir quel comportement adopter et être inutilement agressif.

Un chiot élevé au contraire, sans aucune intervention humaine, aurait beaucoup plus de mal à établir un vrai rapport d'amitié avec l'homme : il en aurait peur et chercherait également à mordre s'il se sentait acculé. Cette phase d'imprinting est donc fondamentale pour le comportement futur du chien.

Passé la phase d'imprinting, la phase de jeunesse commence, qui va de la dixième semaine à huit-douze mois.

Le chiot qui arrive à la maison nous met en joie. Il deviendra un jeune exubérant, curieux, aux attitudes très personnelles qui nous fera rire et sourire. Adulte, il sera l'ami, le compagnon fidèle, dans un rapport consolidé. Puis, inévi-

EN VOYAGE A L'ETRANGER

Si l'on doit se rendre à l'étranger avec son Yorkshire, on doit se plier aux diverses normes qui réglementent l'entrée des chiens dans les différents pays : il est préférable de s'adresser au consulat de la nation en question, ou à une agence de voyage. Pour passer la frontière, il faut de toute façon avoir un certificat attestant de la bonne santé du chien, ainsi que de la vaccination contre la rage. Certains pays (peu nombreux, heureusement), comme la Grande-Bretagne, exigent une période de quarantaine.

tablement, il vieillira : le vieux est notre tendre complice, il sait tout de nous comme nous n'ignorons rien de lui. Il nous a donné et continue à nous donner beaucoup, toute sa vie !

Le choix des accouplements

Faire avoir une portée à une chienne Yorkshire adulte est une expérience belle et intéressante.
Avant de se lancer dans cette aventure, il vaut mieux être au courant de certains détails pour éviter une fin malheureuse. La re-

Expression bouffonne d'un chiot de 60 jours environ. Elevage delle Antiche Mura

Jeune promesse ENCI, champion italien Tanit delle Antiche Mura à l'âge de 13 mois. Eleveur : élevage delle Antiche Mura. Prop. : R. Branca

productrice idéale est saine, robuste et typique, avec un bon squelette, une robe fournie et de couleur correcte et un bon caractère : qualités qu'elle pourra transmettre à ses chiots.
Elle ne doit pas avoir le bassin étroit ou la croupe fuyante : ce sont des facteurs qui peuvent rendre difficile l'accouchement naturel. La taille doit être adéquate : le poids idéal est compris entre 2,4 et 3,175 kg ; la marge n'est pas grande mais une femelle plus petite risque la césarienne, alors qu'une femelle plus grosse risque

LE CHANGEMENT DE DENTS

Dès l'âge de deux mois, et jusqu'à ce qu'il ait changé toutes ses dents de lait, on peut donner au chiot des os d'animaux à ronger (on les trouve dans tous les magasins spécialisés). Les dents sont remplacées entre le quatrième et le sixième mois. A ce moment-là, le chiot aime mordre des objets d'une certaine consistance pour aider les nouvelles dents à sortir. Lui donner des os à ronger permet d'éviter qu'il abîme meubles et chaussures. De plus, les os l'amusent tout en le soulageant. Il peut arriver que le chiot, vers cinq ou six mois, ait déjà sa dentition d'adulte, tout en gardant quelques dents de lait. Si celles-ci ne tombent pas naturellement, le vétérinaire pourra les extraire. Si ces « dents en double » ne gênent pas le chien et ne compromettent pas la fermeture en tenaille de la mâchoire, elles pourront être extraites vers les neuf mois. Autrement il faut agir au plus tôt.

de mettre au monde des sujets trop gros par rapport au standard. Le cas d'une femelle petite qui accoucherait naturellement de chiots également petits n'est pas pour autant satisfaisant car cela peut favoriser une régression de la race, ces sujets présentant souvent les défauts du nanisme (tête globuleuse, nombre de dents insuffisant, fontanelles restant ouvertes etc.).
Le mâle choisi pour l'accouplement doit être lui aussi sain et typique, très équilibré et pourquoi pas, champion. Mais surtout, il faut un bon reproducteur ; il doit donc posséder toutes les caractéristiques morphologiques et fonctionnelles désirées, qu'il transmettra à ses descendants.
Certaines personnes, parmi lesquelles plusieurs éleveurs, soutiennent que le mâle reproducteur doit être très petit : même avec

Champion italien Talismano delle Antiche Mura. Eleveur : élevage delle Antiche Mura. Prop. : S. et C. Lazzaroni

Ninotchka delle Antiche Mura à l'âge de 13 mois. Fille de S'Aghapò delle Antiche Mura, elle a été Jugendsiegerin 91 à Dornbirn et à Stockerau. Eleveur : élevage delle Antiche Mura. Prop. : M. T. Miori (La photo graphique)

une très grosse femelle, il donnera de petits chiots. Il n'en est pas toujours ainsi : en premier lieu l'objectif n'est pas la reproduction de sujets particulièrement petits ; en second lieu il n'est pas dit que l'on obtienne des sujets uniformément petits. Des reproducteurs petits peuvent donner de gros chiots, avec tous les risques que cela comporte pour la mère au moment de l'accouchement. La meilleure

Tulle delle Antiche Mura, fille du champion mondial Fili delle Antiche Mura, à l'âge de 6 mois. Eleveur : élevage delle Antiche Mura. Prop. : I. Fabre, France

INSCRIPTION DE LA PORTEE

L'inscription concerne tous les sujets d'une portée née en France de l'accouplement de deux chiens inscrits. Elle s'effectue en deux temps, en deux déclarations successives sur les formulaires adéquats dans les modalités suivantes :

1. *Déclaration de saillie et de naissance, à faire par l'éleveur et à envoyer à la SCC par la délégation compétente dans un délai de quinze jours après la date de naissance des chiots. Cette déclaration doit obligatoirement être signée par le propriétaire de l'étalon qui confirme ainsi l'accouplement de son chien avec la mère des chiots déclarés ainsi que leur nombre. Si l'étalon est un chien inscrit sur un Livre généalogique étranger, il faut en déclarer les ascendants jusqu'à la troisième génération (parents, grands-parents et arrière-grands-parents) en présentant son certificat d'inscription ou une copie officielle.*
2. *Description et demande d'inscription des chiots individuellement, qui doit être envoyée à la SCC toujours par l'éleveur dans un délai de quatre mois après la naissance et par la Délégation compétente. Tous les chiots enregistrés et décrits doivent être également inscrits au LOF. Les chiots qui peuvent être exclus par l'éleveur du formulaire de déclaration de naissance ou ne pas être compris dans la demande d'inscription ne pourront en aucun cas être inscrits par la suite.*

Champion Dandyboy della Meridiana. Eleveur et prop. : élevage della Meridiana

solution est d'utiliser des chiens de taille moyenne, en s'assurant que les ascendants étaient du même type, et en sachant que si l'un des pedigrees reste obscur, on pourra se retrouver avec un « petit éléphant » ou un « nain ».

Ollie of Millmoor, à l'âge de 9 mois. Eleveur : élevage of Millmoor. Prop. : élevage de la Magia de M. Vestrini Poggiolesi

Le champion jeunes S. Mar., Laluna delle Antiche Mura, fille du champion mondial Fili delle Antiche Mura, Eleveur : élevage delle Antiche Mura. Prop. : S. Vellere et A. Tomaselli

Champion hollandais, allemand, international, My Precious Jingle Girl. Eleveur et prop. : élevage of Millmoor et My Precious

La vieillesse

Il faut assurer au Yorkshire âgé une vieillesse tranquille. En général, les Yorkshire Terriers vivent assez longtemps et l'on trouve de nombreux exemples de chiens ayant vécu jusqu'à seize ou dix-sept ans. Jusqu'à dix ou onze ans, ils sont encore très en forme, excepté peut-être la perte de quelques dents.
A cet âge-là peuvent également apparaître les premiers signes de cataracte.
Le vétérinaire contribuera à résoudre, ou du moins à soulager, les premiers troubles qui apparaîtront. Il faut savoir qu'un chien âgé a besoin de plus de sommeil et,

LES DENTS ET LE TARTRE

Avec l'âge, du tartre peut apparaître sur les dents du Yorkshire. Il est bon de brosser les dents tous les 15 à 20 jours avec une petite brosse et un peu de bicarbonate de sodium dissous dans un peu d'eau. Si on pense que ce n'est pas facile à réaliser, on peut recourir tous les 2 ou 3 ans à un détartrage pratiqué par ultrasons chez le vétérinaire.

parfois, d'une alimentation plus digeste. On peut aussi devoir lui administrer des sels minéraux et des vitamines. Agé, il continuera à être affectueux, doux et joueur, à aboyer au son de la sonnette, à remuer gaiement la queue pour une bouchée de nourriture, à se promener dans la maison avec un jouet dans la gueule, et sera toujours prêt à se jeter à terre, ventre à l'air, dans l'attente de câlins.

Il est désormais éduqué, mais s'il commet quelques bêtises, c'est sans aucun doute l'indulgence qui l'emportera car il est impossible de se fâcher avec lui !

Le toilettage

Le toilettage du Yorkshire peut être de deux types : simple et rapide pour le chien de compagnie, plus compliqué et constant pour le chien d'exposition. Pour le Yorkshire qui ne participe pas aux expositions, il suffit d'un brossage quotidien de 5 à 10 minutes et son poil poussera bien, beau et brillant, sans nœuds.
Quand les moustaches et la barbe deviennent trop longues et agacent le chien parce qu'elles finissent dans la pâtée, on peut les tailler en leur gardant une longueur de 10 à 12 cm. Pour éviter que le Yorkshire ne se salisse, il vaut mieux tailler également le poil sous la queue.
Lorsqu'on le brosse, on peut soulever le poil à l'aide de pinces et commencer par le poil des pattes, en poursuivant ensuite avec les couches supérieures. La brosse à cheveux en fer est la plus adaptée. Lorsque le chien est bien brossé, on délimite, à l'aide d'un peigne, la raie au centre du dos et on peigne le poil de façon à ce qu'il retombe sur les côtés. Puis, on passe à la tête : on peigne la touffe qui sera fixée par un petit élastique et éventuellement un ruban. Ceci permet au Yorkshire d'y voir plus clair et met en valeur son expression.
Tous les vingt jours environ, il faut tailler le poil des oreilles afin de mettre leur forme en valeur. On doit en suivre le bord selon la forme d'un V renversé. Les poils des pieds doivent être taillés pour souligner leur forme ronde, ainsi que les poils entre les doigts qui, en

Championnat mondial 1987 à Tel-Aviv. Catégorie des champions mâles : au centre le champion Agapi delle Antiche Mura présenté de façon impeccable par Ronny Engelen

surnombre, gênent la marche du chien.
Le sujet d'exposition a besoin de beaucoup de soins particuliers et réguliers : en effet, interrompre les opérations de toilettage pendant une période peut compromettre la beauté de la robe, sans laquelle un Yorkshire, même splendide, n'est plus compétitif.
Le Yorkshire qui concourt doit avoir un corps parfait, une tête parfaite, une allure parfaite, etc., mais il doit en outre posséder une robe parfaite.
On doit commencer à soigner son poil dès ses premières semaines. Pour un chiot, un brossage régulier et les pratiques hygiéniques de routine suffisent.
Vers quatre ou cinq mois, il faut commencer à appliquer de l'huile sur le poil et à mettre des chaussettes aux pieds postérieurs : ainsi, même s'il se gratte, il n'abîmera pas son poil.
Vers six ou sept mois, outre le brossage et le démêlage quotidien, il faut recueillir le poil de la barbe, des moustaches, de la touffe de la tête et le poil de la queue dans des bandes de papier de soie. Ces « bigoudis » sont enlevés et remis

Si les moustaches du Yorkshire prêt pour une exposition sont très longues, on peut utiliser des pinces de plastique coloré évitant justement que les moustaches s'emmêlent et arrivent dans la bouche.

POSITIONNEMENT DES BANDELETTES

Le poil est recueilli dans les bandes de papier suivant les indications de ce schéma : 1. région frontale - 2. base de l'oreille - 3. joue - 4. museau (moustaches) - 5. menton (barbe) - 6. gorge - 7. cou - 8. poitrine - 9. épaule - 10. thorax - 11. région lombaire - 12. croupe - 13. membre antérieur - 14. membre postérieur - 15. queue

après avoir brossé le jeune chien ; ce travail doit être répété tous les jours.

Vers neuf ou dix mois, les bandelettes doivent être posées sur tout le corps du chien. Avant de les appliquer, on passe le poil du chien à l'huile. On peut en utiliser plusieurs : lanoline, huile de vison, huile d'olive, huile pour enfants et huile d'amande douce ou de noix de coco. On peut appliquer l'huile sur le poil à l'aide d'un vaporisateur (du type de ceux utilisés pour les parfums, par exemple) ou bien l'étaler à l'aide d'une brosse aux soies douces enduite au fur et à mesure. Après l'application, on brosse en suivant la direction du poil, avec délicatesse et à l'aide

d'une brosse à cheveux en fer. Puis on peigne avec un peigne en fer et on pose les bandelettes de papier.
Ces fameux « bigoudis » doivent être larges d'environ 9 cm et longs de 25 cm. Le papier doit être souple pour ne pas gêner le chien. On plie l'extrémité de la bande de quelques centimètres puis on la roule autour d'une mèche. On la replie ensuite sur elle-même et on la ferme par un élastique. Cinq bandelettes doivent être appliquées de chaque côté du corps, une sur chaque patte, une sur la queue, sept sur la tête et deux sur la poitrine. Quand le chien est bien empaqueté, on lui met un léger filet de nylon ou de soie et des chaussettes (pour que le poil ne se casse pas). Le Yorkshire peut alors se déchaîner dans les jeux les plus fous sans que sa robe ne craigne rien.
La première fois qu'on les soumet à ce traitement, ils sont un peu stupéfaits. Il y a deux réactions possibles : ils l'oublient très vite et vont jouer, ou ils trouvent très amusant de retrouver, de mâcher et d'ôter toutes les bandes. Dans ce cas, il faut avoir le chien à l'œil et lui crier un « Non ! » ferme dès qu'il fait mine de jouer avec les bandelettes jusqu'à ce qu'il comprenne que ce n'est pas un jeu. Il existe des sprays au goût de pomme acide qui, répandus sur les bandelettes, évitent cet inconvénient.

Champion Agapi delle Antiche Mura en premier plan (Tel Aviv 1987)

Il faut habituer le Yorkshire à rester sur une table pendant ces opérations. Naturellement, on ne doit pas le laisser seul, car il peut sauter ou tomber et se faire mal.
Une semaine avant l'exposition, il est bon de lui tailler les ongles, et la veille, il faut soigner les oreilles et les pieds, en taillant le poil avec des ciseaux, pour en mettre la for-

Encore le champion Agapi delle Antiche Mura congratulé pour avoir été proclamé champion du monde (Tel Aviv 1987)

me en évidence. Puis on baigne le chien. On peut le faire le jour même de l'exposition. Il faudra faire deux ou trois shampooings pour ôter toute trace d'huile des soins précédents, puis rincer soigneusement et essuyer avec une serviette d'abord, puis avec un sèche-cheveux.

Lorsque le chien est bien sec, si son poil est un peu ondulé, on peut utiliser un fer à cheveux électrique, qui lissera le poil.

On peut alors s'attaquer à la touffe de poil de la tête : on trace une raie allant de l'œil droit à l'oreille gauche et une autre dans le sens opposé et enfin une troisième raie d'une oreille à l'autre. La touffe de poil ainsi obtenue est fixée par un petit élastique de caoutchouc en prenant garde à ne pas tirer sur le poil du dessus des yeux, ce qui ne donnerait pas une belle expression au chien. On met un petit ruban de soie rouge par-dessus l'élastique, ou une barrette à ruban, plus pratique. Si le poil est très long et que le Yorkshire risque de s'y prendre les pieds, il faut le tailler pour qu'il n'arrive qu'à 1 ou 2 cm après le pied.

Le Yorkshire est à présent prêt à être exposé. Une fois l'exposition

Pour la présentation aux expositions, la tête du Yorkshire Terrier peut être soignée à l'américaine.
Ce toilettage rend l'expression plus intense car la touffe, prise à la hauteur des yeux, accentue le stop de manière notable. On camoufle ainsi un stop peu marqué. A notre avis, un toilettage plus naturel est préférable.

Le Yorkshire, comme dans la tradition anglaise, est présenté aux expositions sur une petite estrade recouverte d'un tissu rouge. La laisse et le ruban de tête sont également rouges. Pour le Yorkshire de compagnie, le choix des couleurs est bien sûr illimité.

terminée, on lui remettra l'huile sur le poil, les bandelettes, le filet de soie et les chaussettes.

Les soins généraux

En maintenant une hygiène constante, et avec un peu d'attention, on peut prévenir les infections et les infestations de toute sorte. Il est bon de contrôler périodiquement et avec soin la peau du Yorkshire, qui doit être élastique, hydratée, sans irritations ou parasites.

La peau et le poil n'ont pas seulement une fonction esthétique, mais jouent aussi un rôle protecteur précis. Le Yorkshire peut être lavé chaque fois qu'on le juge nécessaire : l'absence de sous-poil fait qu'il sèche rapidement. On doit lui donner son bain au chaud. On mouille entièrement le poil avec de l'eau tiède, à l'aide du pommeau de douche. Puis on masse le corps entier du chien avec un shampooing très doux et crémeux. On rince abondamment, toujours avec le pommeau de douche, en faisant attention à ne pas envoyer d'eau dans les oreilles. Si besoin est, on fait un deuxième shampooing. On applique ensuite un baume après-shampooing, en le répartissant avec une brosse, et on rince une dernière fois.

On enveloppera ensuite le chien dans une serviette pendant quelques minutes, en prenant garde à ne pas le frotter pour ne pas ébouriffer son poil. Il faudra ensuite le sécher au sèche-cheveux et le brosser. Il est conseillé de laver son Yorkshire tous les dix ou quinze jours. Il faut nettoyer les yeux, tous les jours si nécessaire, avec un tissu doux et humide : quelquefois des sécrétions se logent au coin des yeux.

Notez l'attache correcte du cou, de la queue et la ligne dorsale parfaite de S'Aghapò delle Antiche Mura. Eleveur et prop. : élevage delle Antiche Mura

Ci-contre, Asaea delle Antiche Mura, fille de S'Aghapò delle Antiche Mura, à l'âge de 13 mois. Eleveur : élevage delle Antiche Mura. Prop. : N. Pollini. Ici, Asaea semble être la « photocopie » de S'Aghapò lorsqu'il était jeune

On nettoie également périodiquement les oreilles avec un cotontige, le mieux étant de les faire contrôler par le vétérinaire.
Les ongles doivent être courts pour éviter que les doigts ne prennent des positions mauvaises dépréciant de ce fait l'allure : on les taille régulièrement avec un ustensile adéquat. Là aussi, il vaut mieux avoir recours à un spécialiste, si possible à un vétérinaire.
On doit de toute façon faire attention à ne pas les tailler trop court car on risque de trancher dans le vif de l'ongle et provoquer une hémorragie. On ne doit couper perpendiculairement que la corne, ce qui est rendu difficile dans le cas du Yorkshire, ses ongles étant entièrement noirs.

Prince Charming delle Antiche Mura.
Eleveur : élevage delle Antiche Mura.
Prop. : élevage Zaffiro de G. Mori

ECTOPARASITES

Si le petit Yorkshire se gratte, que sa peau présente de légères excoriations ou que le poil est un peu arraché, il a certainement des puces. Il peut aussi être infesté de poux (moins répandus que les puces) ou de tiques. Il faut alors administrer un traitement antiparasitaire et désinfecter le milieu. Les parasites cutanés sont non seulement très agaçants et compromettants pour l'esthétique du chien, mais de plus ils sont souvent vecteurs de maladies graves : ils doivent donc être systématiquement combattus.

L'alimentation

Par le professeur L. Guidobono Cavalchini
et le docteur C. Cristofalo

Comme tous les animaux, le chien a besoin d'une alimentation correcte. La mastication est limitée chez le chien et la déglutition rapide. Les aliments, surtout solides, restent longtemps dans l'estomac (trois à douze heures) puis se transforment en bouillie avant de passer dans l'intestin où se fait l'assimilation. Le sang conduit les substances nutritives vers toutes les parties de l'organisme qui en ont besoin. L'appareil digestif du chien permet l'assimilation de repas abondants et un intervalle prolongé entre chaque repas, car l'estomac se vide lentement. Une alimentation en morceaux plutôt qu'hachée est préférable.

Les chiens sont des animaux carnivores, mais la fréquentation de l'homme les a amenés à consommer des produits d'origine non animale. Ils ont besoin d'un régime nourrissant, qui varie selon la race, l'âge, l'état physiologique (croissance, reproduction, lactation) et en fonction du climat.

Pour obtenir les meilleurs résultats, on doit alimenter les chiens de façon à leur fournir les quantités nécessaires de protéines, hydrates de carbone, graisse, vitamines et minéraux : le régime doit être équilibré entre ces divers éléments. Une alimentation excellente est indispensable pour maintenir le chien en bonne santé, ni trop gros, ni trop maigre et doté d'une belle fourrure. C'est encore plus important dans la phase de croissance du chiot, qui réclame une attention encore plus grande. Il faut donc connaître la significa-

Diana Z. Peklovske Rokle C. S., dite Escarlata, avec ses fils La Bella de la Villa y Corte et El Beso de la Villa y Corte. Prop. : élevage de la Villa y Corte (photo C. Salas)

tion biologique des différents principes nutritifs et les sources d'apport.

FREQUENCE JOURNALIERE DES REPAS

Mois	*1-3*	*4-7*	*8-18*	*18*
Repas	*4*	*3*	*2*	*1*

Les femelles, durant le deuxième mois de gestation et la lactation, feront deux ou trois repas.

L'énergie

Même pendant les moments de repos, le corps a besoin d'énergie. Les principes nutritifs sont amenés dans les différentes cellules de l'organisme où ils sont transformés en énergie grâce à l'oxygène. C'est pendant ce processus de transformation que la chaleur, qui maintiendra la température du chien, est produite. Plus l'activité du chien est élevée, plus l'apport en énergie de l'alimentation doit être élevé. Les chiots ont trois fois plus d'exigences que les adultes. La valeur énergétique d'un aliment est exprimée en énergie métabolisable (EM). Elle est mesurée en kilocalories (kcal) ou en kilojoules (kJ). Les graisses fournissent un apport énergétique qui est le double de celui des sucres et des protéines.

LE CHIEN TROP GRAS

Pour voir si le chien est trop gras, il faut :
- *observer les dépôts de graisse sur le garrot, la croupe et les côtes ;*
- *le peser régulièrement et noter son poids ;*
- *abolir sévèrement tout « goûter » ou restes de cuisine ;*
- *résister au regard suppliant ;*
- *l'alimenter avec un régime hypoénergétique mais équilibré en protéines, vitamines et minéraux ;*
- *lui donner des repas assez liquides et avec une bonne quantité de fibres ;*
- *lui laisser un os à ronger ;*
- *s'assurer que ce n'est pas d'origine pathologique (mauvais fonctionnement hormonal) ;*
- *lui faire faire de l'exercice.*

Un excès d'énergie est en général emmagasiné dans le corps sous forme de dépôt graisseux. Il est donc utile de peser son chien régulièrement en notant le poids.

Les principes alimentaires

Les sucres (hydrates de carbone et glucides) : ce sont des sources d'énergie nécessaires au travail musculaire et aux diverses activités du corps. Certains ont une structure simple (fructose, lactose, etc.). D'autres, comme l'*amidon*, ont des structures plus complexes. Chez l'adulte comme chez le chiot, l'excès de saccharose n'est pas toujours bien toléré et peut provoquer des diarrhées car l'intestin du chien sécrète peu d'invertine (enzyme qui l'assimile). De même, le chien adulte digère mal le lait par manque de lactase.

L'amidon est l'hydrocarbure le plus important. On le trouve en abondance dans les céréales telles que le blé (pain), le maïs, le riz, etc. L'amidon doit être bien cuit pour pouvoir être digéré par le chien.

Le chien ne digère pas les fibres, comme la cellulose, contenues dans les végétaux. Plus la teneur du régime en contient, plus sa valeur calorique est basse. Toutefois, elles peuvent être utiles en petites quantités, surtout chez les sujets âgés ou sédentaires pour les empêcher de grossir et pour maintenir un bon transit intestinal.

Les graisses (ou lipides) : elles sont essentielles à l'organisme car elles entrent dans la composition des cellules. Elles fournissent son énergie

Ch. Erika avec son fils Lancillotto della Rugiada. Eleveur et prop. : élevage della Rugiada de M. Properzi

A droite, Asaea delle Antiche Mura, fille de S'Aghapò delle Antiche Mura, à l'âge de 13 mois. Eleveur : élevage delle Antiche Mura. Prop. : N. Pollini

au corps et donc sa chaleur. Celles qui sont présentes en dépôts dans l'organisme (graisse sous-cutanée ou intramusculaire) ont un rôle de réserve énergétique dans laquelle l'organisme puise quand l'apport est insuffisant. Elles constituent également une bonne isolation thermique. Certains lipides sont présents dans les cellules (phospholipides, glycolipides) ou fonctionnent comme des régulateurs biologiques (cholestérol, acide biliaire, etc.).

On les trouve dans tous les aliments. On peut distinguer les graisses végétales et les graisses animales (saindoux, lard). Leur présence dans le régime est indispensable.

Les protéines : elles servent à la construction de l'organisme et à former de nouvelles cellules. Elles ont donc un rôle essentiel pour la formation, le maintien et la réparation des muscles, des os et des organes internes. Le chiot en a particulièrement besoin.

Elles peuvent être d'origine animale, comme celles présentes dans la viande, le lait, le poisson et les œufs ; ou d'origine végétale comme celles du soja, des petits pois ou des haricots, etc.

La valeur biologique des protéines et leur utilisation dépend des rapports entre les différents acides aminés.

On ne peut emmagasiner les acides aminés, c'est pourquoi ceux-ci doivent être fournis par la ration quotidienne de protéines.

Les sels minéraux : on distingue les *macro-éléments*, présents en grande quantité dans l'organisme (calcium, phosphore, sodium, potassium, magnésium), et les *oligo-éléments* qui n'existent que sous forme de *traces* (fer, zinc, manganèse, iode, cobalt, cuivre).

Ce sont des constituants essentiels de l'organisme et ils jouent un rôle dans l'équilibre acido-basique des liquides du corps, dans la contraction musculaire, la transmission nerveuse ou encore la constitution de certains enzymes et de certaines hormones.

Ils interviennent dans la formation du squelette et sont donc très importants pour la croissance de l'animal.

On les trouve dans le lait, le fromage, le poisson, la viande et dans beaucoup de végétaux. Il est indispensable de les intégrer au régime alimentaire du chien et de maintenir un bon rapport entre certains d'entre eux comme le calcium et le phosphore ou bien le fer et le cuivre, etc.

Les vitamines : on distingue les vitamines *liposolubles* (A, D, E, K) et les vitamines *hydrosolubles* (B_1, B_2, acide pantothénique, acide nicotinique, B_6, acide folique, H, B_{12}, choline, C). Elles agissent en quantité infinitésimale mais interviennent dans de nombreux processus organiques essentiels. Les carences en vitamines peuvent entraîner de graves déséquilibres. Cependant, la présence ex-

cessive de certaines vitamines peut aussi provoquer de sérieux problèmes.
Elles sont produites par des organismes végétaux et sont contenues dans le foie, les œufs, le germe des céréales, la levure, les huiles végétales et animales. Elles peuvent facilement être détruites par la chaleur et la lumière. Il faut donc les incorporer à la ration seulement lorsqu'elle est tiède. Elles sont souvent contenues dans les aliments préparés (lire l'étiquette des boîtes) : il faut y faire attention car l'accumulation de vitamines peut être dangereuse.

Les aliments

La viande : de bœuf, de poulet, de dinde ou autre. On peut l'administrer crue ou ébouillantée, selon sa qualité. La viande de porc doit toujours être cuite. Le contenu énergétique et protidique varie selon la quantité d'os et de gras présente. Plus elle contient de muscles et plus elle est digestible, avec une valeur biologique importante. A l'inverse, ces qualités diminuent lorsque la viande est pleine de tendons et de cartilage.
Les chiens peuvent digérer la viande en cours de putréfaction grâce à leur taux élevé de sucs gastriques.
Les abats : ils sont constitués de viscères comme le cœur, le foie, les tripes, la rate, etc. Les chiens en sont friands, mais leur apport protéique est inférieur à celui du muscle. Il vaut mieux les administrer légèrement cuits.
Le poisson : il est plus apprécié cuit. C'est une bonne source de protéines et sa valeur biologique est importante. De plus, il se digère facilement. Il est riche en sels minéraux et en vitamines. On le conseille pendant la croissance. On peut recourir au poisson séché, surtout en hiver.
Les œufs : ce sont de très bons aliments, riches en protéines, en graisses et en vitamines. Ils sont particulièrement indiqués pour les chiots, les reproducteurs et durant la lactation. Ils peuvent remplacer partiellement la viande et le poisson. Ils peuvent être donnés crus.
Le lait : c'est un très bon aliment, qui apporte des protéines à forte valeur biologique, des graisses, des vitamines et des sels minéraux. Le lait est l'aliment principal du chiot.

LA VIANDE CUITE

Elle est mieux digérée crue. Mais si elle n'est pas fraîche ou de bonne qualité, il vaut mieux la faire bouillir. De toute façon, il ne faut pas la faire cuire longtemps. La viande de porc doit toujours être cuite pour éviter les infections (maladie d'Aujezsky et trichinose).

Certains sujets adultes ne le digèrent pas bien.

Le lard, les graisses, les huiles végétales : excellentes sources caloriques, les chiens en sont friands et ont tendance à en consommer plus que le nécessaire. Les graisses sont particulièrement utiles aux chiens qui travaillent et font des efforts physiques. Elles sont indispensables en petites quantités. On conseille d'ajouter un peu d'huile d'olive à la ration.

Le riz et les pâtes : riches en amidon, ce sont les principales sources d'énergie. Pour être digérés, ils doivent être bien cuits.

Le pain sec : bonne source énergétique. Le chien l'apprécie, mais il doit être bien sec et laissé à l'air. Moisi, il peut être nocif.

Les flocons de céréales et le riz soufflé : bonne source énergétique, ils peuvent remplacer le riz, les pâtes, le pain. Ils doivent être

LES OS

Les chiens, c'est bien connu, apprécient les os, en particulier ceux qu'ils peuvent ronger. Il faut cependant être vigilant car les os peuvent provoquer, surtout chez les sujets les plus vieux et sédentaires, la constipation et l'occlusion intestinale. En outre, les pointes d'os peuvent perforer l'intestin : il faut donc éviter les os de poulet et de lapin.

Kosmina delle Antiche Mura, fille de S'Aghapò delle Antiche Mura, à l'âge de 13 mois. Eleveur : élevage delle Antiche Mura. Prop. : C. Piovesan

A droite, Cocktail à l'âge de 15 mois, fils de Florence delle Antiche Mura et du champion mondial Agapi delle Antiche Mura. Eleveur et prop. : élevage della Fossa Magna de M. Provezza

traités pour être digérés par le chien.
Ce sont des aliments volumineux : dans la ration, il faut tenir compte de leur poids et non de leur volume.
Les fruits et les légumes : leur apport nutritif est faible, mais leur contenu en fibres est intéressant pour les chiens sédentaires qui tendent à l'obésité et sont constipés. On peut les remplacer par quelques cuillères de son.
L'eau : le chien doit toujours en avoir à sa disposition.

LES GATEAUX ET LE CHOCOLAT

Les chiens sont gourmands et il est difficile de manger du chocolat sans leur en faire goûter. Il ne faut cependant pas qu'ils en abusent car ils ne le digèrent pas très bien. Il existe des biscuits de substitution dans le commerce dont il ne faut pas abuser non plus.

Les aliments tout prêts

Il existe une grande variété de produits, mais il est important d'en connaître les différences pour les utiliser du mieux possible.
Une lecture soigneuse de l'étiquette peut donner des indications utiles.
On peut distinguer trois types d'aliments tout prêts :

- les ***aliments simples :*** différents produits d'origine animale ou végétale (du riz soufflé par exemple) ;

Structure compacte et harmonieuse évidente du champion italien, international, S. Mar., vice-champion mondial, Phoebe delle Antiche Mura. Eleveur et prop. : élevage delle Antiche Mura

– les ***aliments complets :*** composés de plusieurs produits en mesure de satisfaire les exigences alimentaires du chien sans ajouter d'autres aliments ;
– les ***aliments complémentaires :*** ils contiennent principalement une substance (par exemple des protéines ou des sels minéraux) mais ils doivent être associés à d'autres aliments.

La qualité des aliments tout prêts dépend des matières premières employées, de leur formulation, du traitement technologique subi ainsi que de leur présentation (flocons, boulettes, granulés, biscuits, etc.).
Il faut être attentif à leur conservation : sur l'étiquette, la date de fabrication et l'échéance de consommation sont indiquées. La composition doit être indiquée par ordre décroissant de quantité ou en pourcentage sur le contenu. Les données qui informent des principes nutritifs présents doivent être reportées (teneur en eau, en protéines, en graisses, etc.). On trouve également le pourcentage de vitamines et de sels minéraux par kilo.
Les aliments tout prêts permettent d'établir des rations en fonction des besoins réels du chien, en donnant les quantités voulues de vitamines et de sels minéraux, ce qui n'est pas toujours le cas quand on prépare soi-même la ration.
Un aliment tout prêt composé pour chien adulte doit avoir les pourcentages suivants :
– humidité maximum : 13 % ;
– protides : 22-25 % ;
– lipides : 4-8 %.

ATTENTION AUX EXCES

Il existe dans le commerce différents produits étudiés pour être appétissants aux chiens. Cependant, il faut éviter les excès qui ont des conséquences négatives sur la santé. Ne donnez ni trop de protéines ni trop de graisses ni trop de vitamines. Faites également attention à ne pas accumuler les substances contenues dans les différents aliments et, en particulier, les vitamines et les minéraux. Apprenez à lire attentivement les étiquettes des produits.

QUEMANDER A TABLE

C'est une mauvaise habitude due au trop « bon cœur » du maître qui concède une bouchée de temps en temps. Ne donnez jamais à manger au chien quand vous vous mettez à table. Faites-le manger et, si nécessaire, écartez-le au moment de votre repas.

Comment alimenter le chiot ?

Vers le vingt-cinquième jour, on peut commencer à lui donner, en

EXEMPLES DE RATIONS

Les quantités varient en fonction de l'activité du chien. Les restes de cuisine sont à proscrire afin de ne pas déroger aux règles fondamentales de l'alimentation.

Viande fraîche de mouton, poulet ou dinde ébouillantée.
Pain sec ou biscotte.
Un peu d'huile d'olive.
Bouillon chaud.

Vitamines et sels minéraux.
Viande congelée.
Riz ou pâtes bien cuites.
Légumes mixtes.
Un peu d'huile d'olive.
Vitamines et sels minéraux.

Viande congelée.
Flocons de céréales mélangées ou riz soufflé.
Une cuillère de son.
Eau chaude.

Aliments tout prêts complets en croquettes, granulés ou cubes.
Administrer en suivant le mode d'emploi.

Aliments tout prêts en flocons à intégrer à de l'eau chaude, du bouillon ou du lait.
Administrer selon les instructions de l'étiquette.

plus du lait maternel, un repas constitué de lait et d'un jaune d'œuf pour 100 cl de lait. Après trente jours, le sevrage commence avec une alimentation plus sèche. Un sevrage précoce épargne la mère et il est utile surtout en cas de portée nombreuse. Les chiots sont séparés plus longtemps de la mère et, entre quarante-cinq et cinquante-cinq jours, ils doivent être complètement sevrés et nourris artificiellement.

Au début du sevrage, on ajoute au lait de vache une petite quantité de viande hachée. On passe ensuite à une alimentation plus sèche constituée de : viande et/ou poisson de bonne qualité ; riz bien cuit et/ou de flocons de céréales ; un peu d'huile ; vitamines et sels minéraux.

Lait, viande et poisson doivent prévaloir sur les céréales. Ils constituent jusqu'à 80 % de la ration à quarante jours et 60 % à soixante jours. On augmente progressivement la quantité de céréales par rapport à la viande. Rappelons que celle-ci peut être administrée crue si elle est de bonne qualité, mais il vaut mieux l'ébouillanter.

Un des repas de la journée peut être constitué de biscottes et de lait. Durant la période de croissance, on peut donner un jaune d'œuf cru trois ou quatre fois par semaine et du fromage. Ces aliments peuvent remplacer partiellement la viande. Il faut en tout cas s'assurer que le complément de vitamines et de sels minéraux contient les doses adéquates de calcium et de phosphore.

- *De l'eau fraîche doit toujours être disponible.*
- *Ne pas laisser traîner d'aliments avariés.*

La santé et l'hygiène

Par le professeur L. Guidobono Cavalchini
et le docteur C. Cristofalo

Quand on achète un chien ou qu'on nous en offre un, qu'il soit jeune ou adulte, la première impulsion est de le câliner, de lui montrer son affection. On doit cependant se souvenir qu'on devient responsable de son état de santé.
Les maladies et les dangers sanitaires sont multiples et on risque de se retrouver à l'improviste à la place du vétérinaire, sans expérience.
Il faut avoir un vétérinaire auquel se référer, tout comme on a son médecin de famille.
Le vétérinaire suivra le chien en lui faisant les vaccins nécessaires et en intervenant en cas de maladie. Il doit y avoir un rapport de confiance entre le maître et le vétérinaire. En cas d'urgence, on peut faire appel à des structures spécialisées qui interviennent même la nuit.
Il existe aujourd'hui, parmi les vétérinaires, des spécialistes reconnus officiellement, qui exercent en clinique pour animaux. Certains d'entre eux sont experts en cardiologie, en ophtalmologie, en traumatologie et autres. Il est toutefois préférable que ce soit votre vétérinaire qui vous conseille le spécialiste, au cas par cas.
Vous serez évidemment celui qui passe le plus de temps avec votre ami à quatre pattes et il faut donc l'observer avec attention pendant les moments principaux de la journée comme les repas, la promenade, le jeu, le sommeil.
Il faut chercher à voir les petits changements de comportement qui mettent en évidence le malaise

LA SANTE DU CHIEN

Ce qu'il faut observer	***Comment il doit être***
Comportement	Attentif, vif, équilibré
Appétit	Vigoureux et présent
Mouvements	Coordonnés, fluides et agiles
Sommeil	Régulier, non excessif

du chien. Le chien peut, d'une certaine manière, être considéré comme un nouveau-né qui ne peut s'exprimer qu'à travers des comportements particuliers et des vocalisations particulières. Les symptômes généraux suivants révèlent une mauvaise condition physique.

Il est faux de croire qu'on connaît tous les symptômes de toutes les maladies du chien et de penser qu'on peut les soigner seul. Il est cependant important de savoir quand la situation exige un vétérinaire. Certains symptômes sont en effet les signes d'une pathologie grave.

SYMPTOMES DE MALADIES GRAVES

- *Respiration et battements cardiaques ralentis, accélérés, dissonants ou faibles.*
- *Température corporelle basse (hypothermie), haute (fièvre).*
- *Traces de sang dans les selles.*
- *Traces de sang dans les urines.*
- *Vomissements hémorragiques.*
- *Saignements de nez.*

Certaines données physiologiques de référence peuvent être utiles pour évaluer l'état de santé du

SYMPTOMES GENERAUX DE MALAISE

- *Apathie.*
- *Vomissements et/ou diarrhée persistante.*
- *Abattement.*
- *Ecoulements nasal et conjonctival.*
- *Refus de jouer.*
- *Soif et/ou faim injustifiée.*
- *Manque d'appétit (anorexie).*
- *Amaigrissement évident.*
- *Poil terne.*

DONNEES PHYSIOLOGIQUES DE REFERENCE		
Paramètre	***Chiot***	***Adulte***
Température rectale	38-39 °C	37,5-38,5 °C
Fréquence des respirations (par mn)[1]	20-22	14-20
Pulsations cardiaques (par mn)	100-130	60-120
[1] *Quand la température extérieure est élevée, la fréquence augmente.*		

chien, qui doit être observé au repos. En effet, l'effort physique ou le jeu peuvent accélérer la respiration et les pulsations cardiaques ou faire monter la température sans que ce soit pathologique.

Les principales maladies du chien

Le chien peut souffrir de maladies variées, dont la plupart sont d'origine infectieuse.

COMMENT MESURER...

... la température ?

Beaucoup de propriétaires suspectent une température élevée en observant la truffe. Si celle-ci n'est pas humide ou fraîche, ils pensent que le chien a de la fièvre. Ce n'est pas toujours vrai. De toute façon, il vaut mieux prendre la température rectale en utilisant un thermomètre de vétérinaire ou de pédiatre, lubrifié d'huile ou de vaseline. Soulever la queue et introduire le thermomètre à deux ou trois centimètres tout en tenant le chien. Attendre environ trois minutes.

... les pulsations cardiaques ?

On peut appuyer directement l'oreille sur la poitrine et percevoir les battements du cœur. On peut aussi relever les pulsations de l'artère fémorale en appliquant le pouce sur la face externe de la cuisse et l'index sur la face interne. Il faut comprimer légèrement l'artère contre le fémur et on peut ainsi percevoir le pouls.

... la fréquence des respirations ?

On observe la poitrine en calculant le nombre de respirations par minute, en évaluant également le rythme et l'ampleur.

Les maladies organiques

Ce sont celles qui frappent un organe particulier ou une partie de celui-ci. Leur étiologie est variable et leur évolution peut être différente. Elles ne sont pas toujours contagieuses. L'issue dépend directement de la gravité des symptômes.

Les maladies infectieuses

D'origine virale et bactérienne, elles frappent en général plusieurs organes, elles sont contagieuses et souvent mortelles. La guérison dépend de la gravité des symptômes et de la riposte immunitaire du chien. Elles peuvent être évitées par vaccination.

EXEMPLES DE MALADIES ORGANIQUES			
Maladie	***Organe touché***	***Maladie***	***Organe touché***
Otite	Oreille	Cystite	Vessie
Stomatite	Bouche	Prostatite	Prostate
Bronchite	Bronches	Myosite	Muscles
Endométrite	Utérus	Névrite	Nerfs
Néphrite	Reins		

PRINCIPALES MALADIES INFECTIEUSES			
Maladie	***Etiologie***	***Transmission***	***Prophylaxie***
Maladie de Carré	Pseudomyxovirus et bactéries	Directe et indirecte, très contagieuse	Vaccin
Hépatite virale infectieuse	Adénovirus	Contact direct, contagieuse	Vaccin
Herpès	Herpès-virus	Intra-utérine, contact direct	Vaccin
Parvovirose	Parvovirus très résistant	Très contagieuse	Vaccin
Toux de chenil	Adénovirus	Très contagieuse	Vaccin
Rage	Rhabdovirus	Contamination par morsure	Vaccin
Leptospirose	Leptospire (variées)	Contamination orale	Vaccin

Maladie de Carré : elle frappe à tout âge. Elle a une période d'incubation de trois à sept jours. Le chien malade présente des sécrétions oculaires et nasales purulentes, une conjonctivite avec photophobie, une toux avec complications pulmonaires, allant jusqu'à la broncho-pneumonie. On peut détecter une gastro-entérite et une forte fièvre (41 °C) pendant la première phase de la maladie. Le système nerveux peut être atteint de façon irréversible (paralysie des membres postérieurs et tics nerveux). Cette maladie est souvent mortelle.

Hépatite virale ou infectieuse : elle atteint des chiens de tout âge. La période d'incubation varie de trois à neuf jours. Fièvre au début de la maladie. Kérato-conjonctivite et irido-cyclite. Amygdalite. Apparition de petites hémorragies abdominales. Douleurs abdominales. Opacification de la cornée après une à trois semaines.

Herpès : il est mortel chez les chiots, touchant divers organes. Les chiots peuvent être atteints de vomissements, diarrhées, trachéite et troubles nerveux. Chez l'adulte, le symptôme le plus fréquent est une laryngo-trachéo-bronchite accompagnée de rhinite. Une forme génitale peut apparaître chez les deux sexes.

Parvovirose : gastro-entérite hémorragique, vomissements, déshydratation et perte de poids, abattement, hypothermie, leucopénie. La forme cardiaque est souvent mortelle chez le chiot.

Toux de chenil : laryngo-trachéobronchite bénigne accompagnée de toux qui se propage rapidement dans les chenils et dans les pensions où les chiens sont nombreux.

Rage : transmise par morsure infectée d'un animal malade, elle frappe beaucoup de mammifères sauvages et domestiques. Le système nerveux est atteint, avec une paralysie progressive de l'animal. On note également des variations du comportement relativement importantes. La rage muette donne une paralysie progressive des muscles de la mandibule, des cordes vocales et d'autres muscles de la tête, avec pour conséquence une salivation abondante, l'aphonie et l'incapacité de déglutir ou de boire. Dans sa forme furieuse, le chien est agité, puis très excité. Il salive abondamment et hurle fréquemment. Il meurt d'une paralysie générale. L'homme peut être contaminé.

Leptospirose : elle frappe les chiens de tout âge, ainsi que d'autres espèces, y compris l'homme. Rats et souris en sont les principaux porteurs ; elle présente des symptômes de gravité variable : des néphrites, des conjonctivites peuvent apparaître, ainsi qu'une légère parésie des membres postérieurs, des gastrites avec vomissements, des déficits cardio-circulatoires et plus rarement des broncho-pneumonies. L'évolution de la maladie est souvent mortelle.

Les maladies parasitaires

Elles sont véhiculées par des organismes unicellulaires, comme les coccidies, ou plus complexes, comme les vers intestinaux. Les parasites vivent avec le chien et, dans les cas d'infection extrême, ils peuvent amener la mort de l'animal. Ils endommagent les tissus ou privent le chien d'éléments nutritifs et l'affaiblissent fortement, le rendant également plus sensible à toutes les maladies infectieuses.

La contamination se fait en général par l'absorption de larves ou d'œufs déposés par d'autres chiens malades. Il faut donc examiner périodiquement son chien, non seulement pour son bien, mais aussi pour éviter tout risque de contamination. Certains parasites sont dangereux pour l'homme (le ténia, par exemple).

Les thérapies doivent être appliquées sur le parasite et l'organe touché. Il est recommandé de suivre attentivement les prescriptions du vétérinaire, car le médicament peut être nocif au chien lui-même.

Les mycoses

Ces pathologies se manifestent par des champignons, des levures et des moisissures microscopiques ; elles

SYMPTOMES DES PRINCIPALES MALADIES PARASITAIRES		
Parasites	***Symptômes***	***Thérapies***
Cutanés	Eczéma superficiel, eczéma profond, pellicules, poil terne, alopécie	Poudres, bains, gouttes, sirops
Intestinaux	Amaigrissement, diarrhées, flatulences, vomissements, poil terne	Produits variés en compresses, gouttes ou sirops
Sanguins	Insuffisances cardio-circulatoires, anémie grave	Variées et complexes
Auriculaires	Otites avec complications	Gouttes auriculaires

sont contagieuses pour le chien comme pour l'homme, et particulièrement pour les enfants (teigne) ; une bonne hygiène du milieu et de la peau du chien réduit les risques de contagion. La plupart du temps, ces maladies sont curables. Elles se manifestent le plus souvent par des zones d'alopécie (perte de poil).

Les maladies congénitales

Elles sont déjà présentes à la naissance et sont déterminées par des causes génétiques ou des carences nutritionnelles de la mère ; les organes touchés sont variés. Elles ne sont pas contagieuses ; elles ne sont pas forcément mortelles.

Les maladies héréditaires

Ces pathologies viennent de gènes particuliers présents chez les parents et transmis aux chiots. Elles peuvent se manifester à la naissance ou apparaître plus tard. Le chien pourra les transmettre à sa descendance.
Parmi les plus connues, on trouve la dysplasie de la hanche, les maladies oculaires et l'hémophilie.
Dysplasie de la hanche : c'est une malformation de la hanche qui peut amener le chien à boiter des membres postérieurs dans les cas les plus graves. Elle est causée par une malformation de la jointure articulaire, qui provoque la luxation, puis l'érosion du cartilage. Avec le temps, cette dégénérescence amène une arthrose déformante. L'origine génétique en est maintenant connue, mais pas le mécanisme de transmission. L'étude de l'hérédité est, en fait, complexe : plusieurs gènes semblent être impliqués et leur action peut être augmentée par l'environnement du chien. Le comportement récessif des gènes peut masquer la présence de la maladie chez un chien qui la transmettra cependant à ses petits. Certaines races y sont plus sensibles que d'autres. L'ampleur des os pelviens et leur inclinaison est probablement un facteur déterminant. La dysplasie se manifeste plus facilement chez les sujets à croissance rapide. Une radiographie de l'articulation coxo-fémorale est aujourd'hui le seul moyen reconnu pour identifier les sujets malades et ceux porteurs de légères anomalies. La radiographie doit être faite par un vétérinaire expert, avec un chien sous anesthésie pour garantir sa relaxation musculaire et donc une position dorsoventrale correcte.

Urgences

Etat de choc

Il existe lorsque le chien est en déséquilibre cardio-circulatoire, en présence d'une vasodilatation périphérique ou lorsqu'il y a accumulation de substances toxiques dans les tissus.

Causes
Forts traumatismes ; hémorragies ; réactions anaphylactiques ; pathologies cardiaques et neurologiques ; toxicoses et déshydratation ; électrocution.

Symptômes
Muqueuses pâles ; abattement, chute de température et tremblement musculaire ; pouls rapide ; respiration superficielle ; pertes d'urine et de selles ; vomissements ; collapsus.

Que faire ?
Garder le chien au chaud, tranquille. Consulter un vétérinaire au plus vite pour d'éventuelles transfusions de plasma, l'administration de piqûres toniques ou d'analgésiques et d'analeptiques. Le chien doit être gardé sous surveillance pendant quelques jours pour s'assurer que le choc est surpassé.

Empoisonnements

Si le chien a avalé des substances dangereuses, il faut essayer de le faire vomir, en lui administrant la moitié d'un verre d'eau additionnée d'une cuillère de sel ou en stimulant son palais et son arrière-gorge. Il ne faut pas le faire si le chien a avalé des objets coupants ou des produits acides.
Pour éviter les empoisonnements criminels, il faut apprendre au chien à refuser la nourriture offerte par des étrangers et celle qu'il trouve par terre. Pour éviter les empoisonnements accidentels, il suffit de quelques mesures de bon sens.

COMMENT EVITER LES EMPOISONNEMENTS ACCIDENTELS ?

- *Eviter que le chien avale du shampoing ou autres produits antiparasitaires lors de traitements.*
- *Eviter la libre circulation du chien dans des endroits qui ont été dératisés ou désinfectés récemment.*
- *Garder hors de portée du chien les produits chimiques (l'antigel est appétissant).*
- *Garder tous les médicaments, les produits toxiques et chimiques hors de sa portée.*
- *Ne pas placer des produits toxiques à côté des aliments.*
- *Ne pas laisser sa gamelle dans le jardin quand on l'arrose de produits antiparasitaires.*
- *Eliminer tous les animaux morts qu'on peut trouver dans le jardin.*

EMPOISONNEMENTS ACCIDENTELS	
Type de poison	***Symptômes***
Insecticides à base de phosphore	Salivation, contraction musculaire, convulsions, vomissements, diarrhées, rétrécissement de la pupille (myosis), broncho-spasme, œdème pulmonaire, cyanose
Strychnine	Convulsions, dyspnée, écume à la bouche, et asphyxie par paralysie spasmodique des muscles intercostaux et du diaphragme, mort
A base de cyanure (désherbants)	Etourdissements, perte des forces musculaires, respiration haletante, collapsus, mort ; l'haleine a une odeur d'amandes amères
Raticides	Salivation abondante, vomissements, œdème pulmonaire et dyspnée, faiblesse musculaire, pouls faible
Décapants	Dépression, fièvre, hémorragies multiples associées au manque de coagulation, ecchymoses sur la peau, anémie, pouls faible, dyspnée, mort
Antigel (produit chimique)	Pouls rapide, délire, dyspnée, vomissements, absence d'urine, déshydratation
Médicaments	Variables en fonction des produits

Piqûres d'insectes

Les chiens se font souvent piquer à la tête par des abeilles, des guêpes, des taons, etc. Les piqûres, bien que douloureuses, ont habituellement des conséquences passagères. Il suffit de rafraîchir la piqûre avec de l'eau froide et d'administrer des antihistaminiques par voie orale. Cela peut être plus grave lorsque le chien est piqué dans l'arrière-gorge en mangeant l'insecte. Dans ce cas, le chien risque d'étouffer. Il faut consulter un vétérinaire de toute

urgence et, si c'est impossible, administrer une injection d'antihistaminiques.
En cas de piqûres multiples, il faut également prévenir très vite le vétérinaire, car le chien risque un choc anaphylactique.

Morsure de vipère

Le chien est souvent mordu au museau alors qu'il essaie d'attraper la vipère. Si le chien est robuste, il peut se remettre, mais il faut de toute façon appeler le vétérinaire pour lui administrer du sérum.

Coup de chaleur

Cela arrive souvent pendant les saisons chaudes, si on laisse le chien dans une voiture, fenêtres fermées par exemple. Pour garder sa température, le chien se met en général dans des endroits frais et ombragés et, s'il ne peut le faire, il augmente sa ventilation pulmonaire qui n'est cependant pas toujours suffisante. Les symptômes les plus évidents sont une allure chancelante, une augmentation de la température rectale, un épiderme chaud et sec, un pouls rapide, la dyspnée, le collapsus et la mort. Il faut chercher à faire baisser la température : plonger le chien dans l'eau froide et le garder au repos dans un endroit frais. Appeler le vétérinaire d'urgence.

Fractures

Les fractures les plus fréquentes sont en général celles des membres, de la colonne vertébrale et de la mâchoire. Elles sont souvent les conséquences de traumatismes violents comme un accident ou une chute. Elles peuvent être simples ou multiples et, dans les cas les plus graves, ouvertes (l'os ressort de la blessure). Les symptômes sont la tuméfaction, l'hémorragie, la paralysie et l'état de choc ; le chien boite et la douleur est très vive. Dans ce cas, il faut garder le chien le plus immobile possible et le rassurer. En cas de fracture des membres, essayer de les bouger le moins possible et, si l'intervention du vétérinaire est impossible immédiatement, les immobiliser avec des attelles de bois ou de carton et des bandes. Bien nettoyer et désinfecter les blessures et les recouvrir de gaze. Si le chien ne peut pas bouger, l'installer sur une couche confortable et le transporter sur une civière de vétérinaire, en faisant particulièrement attention à sa colonne vertébrale. Une visite chez le vétérinaire avec radiographie est préférable, même quand la fracture n'est pas certaine car une fracture non soignée peut laisser des traces permanentes.

Conseils en cas d'urgence

Que faire avec un chien traumatisé ?

Le chien traumatisé, renversé par une voiture par exemple, est presque toujours effrayé et désorienté. Il est donc préférable de s'approcher doucement de lui, pour éviter de l'effrayer davantage : il pourrait alors essayer de s'enfuir. Il faut lui parler calmement et essayer de le rassurer sans chercher à l'arrêter. Si le traumatisme a été particulièrement violent, il est en état de choc et souffre de fractures et de contusions diverses. Face à une telle situation, il faut s'avancer calmement en lui parlant : le chien sera rassuré par le timbre de la voix de son maître. On doit éviter tout mouvement brusque et savoir que la douleur et la peur peuvent déclencher l'agressivité du chien et qu'on risque d'être mordu. En cas de nécessité, on peut lui mettre une muselière ou un bandeau avant de le transporter. Il faut rester calme, d'autant que si le chien perçoit la tension de son maître, il sera encore plus irrité. Il faut le transporter le plus vite possible chez un vétérinaire ou aux urgences.

Comment le transporter ?

Si le chien n'est pas en mesure de se lever et de marcher, il faut le soulever de la façon la moins traumatisante possible :

– les chiens petits ou de taille moyenne peuvent être pris en passant un bras sous le ventre ou la poitrine (ne pas le prendre par les pattes qui pourraient être fracturées) ;
– les chiens de taille plus grande peuvent être pris en passant un bras devant les membres antérieurs et l'autre derrière les membres postérieurs, en le tenant contre sa poitrine ;
– les molosses doivent être transportés sur une civière ou sur une couverture, une toile, un manteau, dont les quatre coins serviront de prise.

Si les membres postérieurs sont paralysés, il faut suspecter un traumatisme à la colonne vertébrale. Dans ce cas, il faut essayer de faire bouger le moins possible la colonne.

Intervenir sur une blessure

Le type de blessures qu'un chien peut se faire est infini, mais il existe quelques règles générales à suivre.

En premier lieu, il faut stopper l'hémorragie en comprimant la zone de la blessure à l'aide d'un mouchoir ou d'un chiffon propre. Si l'hémorragie est intense, il faut la bloquer en exerçant une pression au-dessus de la coupure. On

peut utiliser comme garrot une ceinture, une cordelette, une cravate qu'il faut lacer de manière à pouvoir relâcher l'étreinte toutes les dix minutes, pour laisser le sang circuler. Si la blessure est à la poitrine ou sur l'abdomen, il faut essayer de comprimer avec une serviette. On réussit en général à stopper l'hémorragie, mais parfois quelques points de suture sont nécessaires.
Il faut aussi désinfecter largement la blessure et la nettoyer de la terre et autres saletés. Attention aux morsures possibles : lui mettre une muselière avant de commencer. Sur la blessure propre, mettre une gaze provisoire qui empêche toute nouvelle souillure et faire vérifier la blessure auprès du vétérinaire. Les coupures sur les membres peuvent concerner les tendons et les nerfs qui doivent être suturés rapidement pour éviter des séquelles permanentes.
Si la blessure est une fracture ouverte, il faut essayer de la laver avec de l'eau oxygénée et la couvrir d'une gaze avant de courir chez le vétérinaire. Les tissus abîmés sont facilement infectés et cela peut donner des maladies difficiles à guérir.

Lésions des yeux, des oreilles, du nez

Les yeux sont particulièrement exposés chez les petites races aux globes proéminents (Pékinois, Bulldogs, etc.). Les griffes des chats ou d'autres chiens peuvent endommager gravement la cornée. Il peut y avoir des traumatismes violents, faisant jaillir le globe oculaire hors de son orbite. Il faut laver l'œil avec de l'eau oxygénée ou simplement de l'eau pure. Maintenir l'œil blessé sous un linge humide et courir chez le vétérinaire. Les lésions oculaires sont très douloureuses.
Le traumatisme le plus fréquent aux oreilles est la blessure ouverte ou l'hématome interne du pavillon auriculaire. Dans les deux cas, il faut essayer de stopper l'hémorragie, y compris en bandant l'oreille et en y appliquant de la glace.
Les hémorragies nasales sont peut-être les plus impressionnantes pour le maître. Le chien éternue pour se débarrasser du sang et laisse des traces rouges tout autour de lui.
Elles peuvent venir d'un empoisonnement ou de la présence de corps étrangers dans les sinus qui irritent le chien et le poussent à éternuer violemment. On peut chercher à arrêter le sang avec de la glace.

Brûlures

Elles sont peu fréquentes chez le chien car son instinct le pousse à éviter les feux. Cependant, elles peuvent avoir d'autres origines, comme l'eau bouillante ou des substances chimiques. Il faut avant tout laver la partie atteinte à grande eau : cela enlèvera le produit irritant et refroidira aussitôt en cas de brûlure chaude. Préparer des compresses froides pour réduire la vasodilatation. Couvrir la brûlure et se rendre chez le vétérinaire qui contrôlera l'état de choc que peut provoquer une brûlure étendue.

Gelures

Ce n'est pas un phénomène très courant sous nos climats, mais cela peut arriver en montagne. Ce sont, en général, les membres et la pointe des oreilles qui sont touchés. Il faut emmener l'animal dans un endroit chaud et le couvrir pour faire monter la température. Masser délicatement les endroits gelés et chercher à les réchauffer avec des linges chauds ou des bouillottes. La couleur rosée de l'épiderme indiquera la reprise de la circulation du sang.

Suffocation

Il faut intervenir très vite : ouvrir la gueule de l'animal et lui tirer la langue pour regarder l'arrière-gorge. Si on réussit à voir le corps étranger, il faut l'extraire. Pour éviter tout danger de morsure, écraser légèrement les babines sur les dents du chien qui ne refermera pas les mâchoires. Si on ne voit rien et que le chien est de petite taille, on peut le prendre par les pattes arrière et le secouer pour faire tomber ce qu'il a dans la gorge. Si la taille du chien ne le permet pas, il faut donner des coups secs mais pas trop violents sur la poitrine : l'air expulsé peut déplacer l'objet qui obstrue la gorge.

Convulsions

Elles sont souvent effrayantes lorsqu'elles sont intenses. Il faut essayer de mettre le chien dans un endroit où il ne pourra pas se blesser pendant les convulsions. La crise passée, laisser l'animal tranquille dans un endroit sans bruits ni lumière jusqu'à ce qu'il se reprenne complètement. On peut le couvrir d'une couverture. Une fois la crise passée, le conduire chez le vétérinaire.

Comment lui administrer des médicaments ?

Un chien malade est déjà irritable et peu disposé à prendre des médicaments. Il faut d'abord essayer l'astuce et en dernier lieu la force.
Les médicaments par voie orale peuvent être du type capsules, comprimés, etc., ou liquides.
On peut essayer de mélanger les

comprimés à la nourriture, en cachant le goût derrière celui d'un aliment particulièrement apprécié du chien (fromage, viande). S'il s'agit de poudre, on peut la mélanger à un morceau de viande et donner le reste de la ration après, pour vérifier que le chien l'a prise. Mais certains médicaments ne peuvent être mélangés sous peine de s'abîmer. Il faut alors ouvrir la gueule du chien et y introduire le comprimé profondément en la refermant rapidement et en tenant la tête relevée afin d'accélérer la déglutition. S'assurer que le chien a bien avalé le médicament car il pourrait le cracher une fois libéré.
Les médicaments liquides peuvent être administrés à l'aide d'une seringue sans aiguille ou avec un compte-gouttes. Tenir la tête soulevée et insérer la seringue dans l'angle de la gueule. Ecouler le produit lentement pour permettre la déglutition. Cependant ne jamais l'administrer en gardant la gueule du chien ouverte : en l'empêchant de déglutir, on risque de l'étouffer.

Injections

Les injections sont sous-cutanées, intramusculaires ou intraveineuses. Le maître doit apprendre à les faire pour poursuivre le traitement ordonné par le vétérinaire, en utilisant toujours des seringues stérilisées. Pour une injection sous-cutanée, on pince la peau entre les doigts sur le dos, entre le cou et les flancs, on désinfecte la peau en soulevant le poil et on introduit l'aiguille parallèlement à l'épine dorsale du chien. Si le produit est irritant, il vaut mieux qu'une autre personne tienne le chien.

Médicaments contre les otites

Tenir la pointe de l'oreille et introduire le compte-gouttes dans le conduit auriculaire. Masser l'oreille pour répartir le produit uniformément. Tenir la tête du chien pendant un moment sinon il la secouera pour libérer son oreille irritée.

Médicaments pour les yeux

Tenir soulevée la tête du chien et laisser tomber les gouttes de collyre sur la cornée. Si on doit mettre une pommade, abaisser la paupière inférieure et en mettre sur l'intérieur. Laisser l'œil se refermer et masser pour la répartir. Enlever l'excédent resté à l'extérieur avec un mouchoir.

Suppositoires

Il n'est pas très fréquent, mais il peut être employé contre une douleur vive. Il faut humidifier le suppositoire, soulever la queue du

CE QU'IL FAUT AVOIR EN CAS D'URGENCE

- *Désinfectants : eau oxygénée, teinture d'iode, mercurochrome.*
- *Solution désinfectante : sérum physiologique.*
- *Laxatif : huile de vaseline.*
- *Antibiotique d'urgence conseillé par le vétérinaire.*
- *Compresses de gaze, pansements, bandes de gaze.*
- *Le numéro de téléphone du vétérinaire habituel.*

chien et l'introduire délicatement et sans forcer. L'enfoncer profondément, à l'aide d'un coton-tige par exemple. Tenir la queue du chien sur la zone anale pendant quelques instants pour qu'il n'expulse pas le médicament aussitôt.

Le dressage

Nos Yorkshires, nés pour donner la chasse aux rats, même s'ils gardent encore en eux quelques instincts de chasseurs, ne le sont plus. Personne n'ayant plus cultivé en eux ces capacités, ils les ont perdues très vite. Il n'est donc pas possible de parler de dressage pour la chasse. Et on ne peut pas non plus, pour des raisons évidentes, parler de dressage à la défense. Mais les Yorkshires sont des chiens très intelligents et dociles, on peut les admirer dans leur « travail ». Aux Etats-Unis et plus récemment en France, de plus en plus de Yorkshires participent aux épreuves d'obéissance, aux courses spectaculaires qui ont un charme tout personnel.

Elles ont un règlement très précis dont nous rapportons quelques ex-

Champion espagnol, international, Vip Top Winner. Eleveur et prop. : élevage Vip

traits : « Les chiens qui essaient d'attaquer quelqu'un sur le ring sont disqualifiés [...]. Les Yorkshires peuvent participer toilettés comme pour un ring d'exposition, le ruban de tête étant autorisé. » C'est une chose sérieuse, comme le montre encore ces extraits : « Les femelles en chaleur ne peuvent concourir [...]. Le juge doit exclure tout conducteur maltraitant son chien sur le ring [...]. Le ring est rectangulaire, il mesure 9 m sur 12,5. Le sol doit être rigoureusement propre et l'herbe, s'il y en a, doit être tondue [...]. Durant les épreuves, il est important que les chiens montrent qu'ils s'amusent et qu'ils soient précis, les conducteurs doivent être précis et gentils » ; et enfin : « Le conducteur ne peut donner que des ordres et des signaux autorisés ».
Pour parler concrètement des épreuves, voici une partie des exercices que le chien doit exécuter : « conduite en laisse en faisant un huit ». Le but principal de cet exercice est de montrer la capacité du chien et du conducteur à travailler ensemble. Les ordres pour cet exercice sont : avance, stop, à

Le champion Bloomsbury Miracle of Love à 17 mois. Eleveur et prop. : élevage Bloomsbury de J. Grünn, Allemagne

A droite, le champion mondial, international, européen, am., hol., all., fr., lux., VDH, Bundessg. et plusieurs fois BIS, Ever Trouble of Millmoor. Eleveur et prop. : of Millmoor et My Precious (photo R. De Cat)

droite, à gauche, demi-tour, pas lent, pas normal, pas rapide. Les ordres peuvent être donnés dans n'importe quel ordre et autant de fois que nécessaire.
La laisse peut être tenue d'une main ou à deux mains, mais de façon naturelle. Le juge pénalise une laisse tirée ou des signaux, des ordres ou des actes pouvant aider le chien à exécuter les exercices. Le chien marche à gauche du conducteur, sans distractions. En mouvement ou assis, le chien ne doit pas gêner la liberté de mouvement du conducteur.
« Huit » est un exercice de ce type : aux ordres spécifiques du juge : « Avancez » et « Stop », le conducteur et le chien exécutent rapidement un huit autour et au milieu des secrétaires de ring qui se tiennent à 2,5 m de distance. Le juge doit ordonner au moins un « stop » durant l'exécution de l'exercice et un « stop » à la fin.
« Conduite sans laisse » : cet exercice est exécuté de la même manière que le précédent, mais sans laisse et sans faire de « huit ».
« Rappel » : les buts principaux de cet exercice sont que le chien reste à sa place jusqu'à ce que le conducteur l'appelle, et qu'il réponde rapidement à l'ordre ou au signal de « venir ». Les ordres du juge sont « laissez votre chien » et « appelez votre chien » ainsi que « terminé ». Après l'ordre du juge, le conducteur peut donner un ordre ou un signal au chien pour

Le fameux champion anglais Blairsville Royal Seal, éleveur et prop. : élevage Blairsville de B. Lister

Le Yorkshire d'exposition doit rester immobile pendant que le juge l'observe, le touche, lui examine les dents et les membres, etc. Lorsqu'il y est invité, il doit faire plusieurs tours de ring, en laisse, pour montrer la correction de son allure. Naturellement, il devra être dressé à s'exécuter de la meilleure façon. Pour le lui enseigner, il faut de la patience et de la constance ; il faut se rappeler que le Yorkshire Terrier apprend beaucoup par associations ; ne pas oublier de le récompenser dès qu'il se comporte comme nous le voulons.

Le champion italien Novelty of Millmoor. Eleveur : élevage of Millmoor. Prop. : R. Gogna

Ci-contre, Okay of Millmoor, fils du Champion mondial Ever Trouble of Millmoor, à l'âge de 17 mois. Eleveur et prop. : élevage of Millmoor et My Precious

Calypso de Majodian durant une épreuve d'obéissance

qu'il reste en position « assise » alors qu'il s'éloigne d'environ 9 m, vers l'autre extrémité du ring, où il se retournera pour regarder le chien dans une attitude naturelle. Après l'ordre ou le signal du juge, le conducteur donnera au chien l'ordre de venir. Le chien doit alors avancer en ligne droite, en trottant ou en galopant énergiquement, pour s'arrêter et s'asseoir aux pieds de son conducteur, assez près pour que celui-ci puisse lui toucher la tête sans se déplacer. Le chien ne doit pas toucher le conducteur ou se mettre entre ses pieds.

Après l'ordre du juge, le conducteur donne le signal « fini » et le chien doit rejoindre son point de départ et s'asseoir.

Parmi les exercices les plus difficiles, il y a le « rapport avec saut ». Le but principal de cet exercice est de faire sauter le chien par-dessus une barre, de lui faire recueillir un poids (l'objet) et de le faire revenir rapidement

L'auteur et le champion Agapi delle Antiche Mura

avec l'objet, en sautant de nouveau l'obstacle. Les ordres du juge sont : « lancez », « lâchez le chien », « prenez-le », et « terminé ».

Le conducteur doit se tenir à au moins 2,5 m de la barre et doit rester au même endroit pendant tout l'exercice. La hauteur de la barre va d'un minimum de 20 cm à un maximum de 92 cm (selon la race et les dimensions du chien).

Voir les petits Yorkshire Terriers au travail dans cet exercice ou d'autres est vraiment enthousiasmant. Cependant, si l'on ne veut pas aller jusque-là avec son propre chien, mais qu'on souhaite seulement un dressage plus général, on peut toujours s'adresser à l'un des nombreux centres spécialisés, où des instructeurs qualifiés s'occupent de chiens d'autres races (Bergers allemands, Dobermans, Boxers, etc.).

Pourquoi ne pas y amener le petit Yorkshire ? Ceux qui ont déjà fait cette expérience en ont été satisfaits. Les éléments de base du dressage sont :

– le rappel, où l'on voit le chien retourner vers son maître ou son conducteur après avoir été rappelé ;

– la conduite en laisse, où le chien doit se plier aux différentes allures, en marchant à gauche de son maître, et s'asseoir à chaque arrêt. Au contraire, si le sens de la marche est inversé, le chien doit tourner autour de son conducteur, dans le sens opposé à sa rotation, pour revenir se positionner correctement, sur la gauche ;
– la conduite sans laisse, où le chien doit suivre son maître comme s'il était en laisse ;
– « assis » et « à terre », apprentissages très importants pour maîtriser le chien ;
– « reste », apprentissage qui consiste à maintenir le commandement précédent ;
– il existe évidemment bien d'autres éléments, la gamme est très vaste.

Ces apprentissages ainsi que les épreuves d'obéissance sont vraiment très utiles, ne serait-ce que pour ceux qui veulent tout simplement participer à des expositions de beauté.

Le dressage, même s'il n'est pas absolument nécessaire, rend le chien très obéissant et sûr de lui, et donc en mesure de montrer le meilleur de lui-même.

PRINCIPAUX ELEVAGES FRANÇAIS
(ayant obtenu des champions de France et d'Italie)

Des Aiguerelles
Mme Lefrançois
8, impasse des Acanthes
34000 Montpellier

Des Alirols
Mme Cavalier
3, lot. La Roubine
13610 Puy-Ste-Réparade
Tél. : 42.61.81.08

Du Domaine de Monderlay
M. Mansuet
26, route de Morsang
Saintry-sur-Seine
91250 Saint-Germain-les-Corbeil

De l'Eclipse Royale
Mme Jaufrit
28, rue Jean Jaurès
33560 Cardon Blanc
Tél. : 56.06.19.10

Du Gué de l'Adour
Mme Jan
20, rue des Corricards
27600 St-Aubin-sur-Gaillon
Tél. : 32.53.22.47

Du Houlme
Mme Davy
95 Cormeilles-en-Parisy
Tél. : 39.97.40.05

La Pam' pommeraie
Mme Chauveau
Yorkshire Terrier
5, rue du Bois d'Ardeau
91640 Machery
Tél. : 64.59.00.51

De Penghibur
Mme Gérard
1, bd du docteur Parini
13012 Marseille
Tél. : 91.93.52.33

Du Val Verdoyant
Mme Morin
Route de Sully-la-Chapelle
45450 Fay-aux-Loges

Lucky Lad
Mme Jammas
Rue du Port Prolongé
78740 Vaux-sur-Seine
Tél. : 34.74.82.55

De Majodian
Mlle Mark
Départementale 18
70300 Magnivray
Tél. : 84.94.32.62

Index analytique

Achevé d'imprimer
en février 1995
à Milan, Italie, sur les presses
de Grafiche Milani

Dépôt légal : février 1995
Numéro d'éditeur : 3916